KB216064

예수께서 전파하신

하나님의 나라

예수께서 전파하신
하나님의 나라

Copyright ⓒ 새세대 2018

초판 발행 ｜ 2018년 9월 17일
2쇄 발행 ｜ 2018년 10월 4일

지은이 ｜ 곽요셉
펴낸곳 ｜ 도서출판 새세대
발행인 ｜ 곽요셉
이메일 ｜ churchgrowth@hanmail.net
홈페이지 ｜ newgen.or.kr
출판등록 ｜ 2009년 12월 18일 제20009-000055호
주소 ｜ 경기도 성남시 분당구 정자동 210-1
전화 ｜ 031)761-0338 팩스 031)761-1340

ISBN 979-11-88604-04-3 (03230)

잘못된 책은 구입처에서 교환해 드립니다.
책값은 뒤표지에 있습니다.

예수께서 전파하신

하나님의 나라

곽요셉 지음

도서
출판 **새세대**

서문

　예수님이 전파하신 복음은 하나님의 나라입니다. 예수님은 하나님의 나라를 선포함으로 공생애를 시작하셨고 공생애 동안의 삶과 이적, 가르침을 통해 하나님의 나라를 증거하셨습니다. 그리고 부활하시어 승천하시기까지 오직 하나님 나라의 일만 말씀하셨다고 성경은 기록합니다. 이렇게 예수님은 하나님의 나라를 전하기 위해 이 땅에 오셨고 십자가에 죽으셨으며 부활하시고 승천하셨습니다. 그리고 오늘도 성령 안에서 하나님의 나라 복음을 전하고 계십니다.

　그런데도 오늘날 복음을 잃어버린 기독교는 하나님의 나라에 대해 무지합니다. 안타까운 것은 알려고 하는 이도, 전하는 이도 없습니다. 그래서 하나님의 나라가 오늘 우리와 함께함에도 하나님의 나라를 체험하지 못하고 감사하지 못하고 기뻐하지 못합니다. 천국을 증거하며 살지 못하는 인생입니다. 또 세상은 하나님의 나라와 무관하게 새로운 개선책과 시스템을 만들거나 교육을 통해 또는 새로운 종교나 연합활동, 위대한 지도자를 통해 세상의 문제를 해결하려고 합니다. 하지만 예수님이 전하신 하나님 나라의 복음을 떠난 결과, 기독교는 쇠퇴하고 종교화되어 버렸습니다. 하나님 나라의 복음을 떠난 그리스도인의 삶은 형식적인 것으로, 잘못된 인생으로 황폐해지고 맙니다.

항상 기억해야 하는 것은, 예수님께서는 현재적인 하나님의 나라를 선포하셨다는 것입니다. 그리고 그것이 내세와 연결됩니다. 현재에서는 세상 중심으로 살다가, 나중에 죽어서 천국 간다고 하는 것은 잘못된 기독교입니다. 예수님은 하나님의 나라가 가까이 왔다고 하셨습니다. 이것이 복음의 진수이며 여기에 그리스도인의 참된 믿음과 소망이 있습니다. 오늘 하나님 나라의 삶을 살아야 하는데, 그렇지 못하면 세상에 집중하고 부와 건강과 성공에 집착함으로 염려뿐인 인생이 됩니다. 그러므로 그리스도인의 삶의 우선순위는 하나님의 나라와 하나님의 의를 구하는 것입니다. 거듭난 그리스도인은 하나님의 나라 백성이기에 영적인 세계를 바라보며 하나님의 나라를 먼저 구합니다. 먼저 하나님의 나라와 의를 구하는 삶에 거듭난 그리스도인의 정체의식이 있고 하나님이 주시는 은혜와 평강을 삶에서 누리게 됨을 잊지 말아야 합니다.

이 책에 수록된 설교들은 오직 하나님 나라의 복음에 초점을 맞추었습니다. 그리스도인의 삶은 하나님의 나라와 함께하는 삶이므로 항상 하나님의 나라가 우선순위가 되어야 합니다. 이 하나님의 나라를 주제로 한 말씀들을 계속 묵상하고 전하려고 하는데, 이 책을 통해 하나님 나라의 역사를 성령 하나님의 인도하심으로 오늘의 삶에서 모든 그리스도인이 묵상하며 기뻐하며 증거하시기를 간절히 기도합니다.

차 례

서문 · 4

01
예수께서 전파한 복음(막 1:14-15) · 11

02
거듭남(요 3:1-7) · 31

03
부활하신 예수(막 16:1-8) · 53

04
하나님 나라의 신비(눅 17:20-21) · 75

05
하나님의 성령 안에서(고전 6:9-11) · 97

06
내가 왕이니라(요 18:33-38) · 117

07
그리스도인의 우선순위(마 6:33) · 139

01

예수께서 전파한
복음

예수께서 전파하신

하나님의 나라

01

예수께서 전파한 복음

⋮

그리스의 철학자 중에 데마데스(Demades)라는 사람이 있습니다. 그는 아테네 광장에서 종종 사람들에게 매우 중요한 연설을 했습니다. 그런데 그가 전하는 가르침이 너무 깊고 말이 어려워서 그의 가르침에 귀를 기울이는 사람이 없었습니다. 데마데스는 할 수 없이 사람들의 관심을 끌기 위해 이솝우화를 사용하기로 결심했습니다. 자신이 전하는 메시지에다가 재미있는 우화를 섞어서 말하면 사람들이 쉽게 깨닫고, 귀를 기울일 것으로 생각한 것입니다.

그런데 사람들은 그 우화 속에 감춰진 본질을 깨닫지 못하고 그중의 재미난 이야기에만 귀를 기울였습니다. 그의 노력에도 불구하고 결국 사람들은 재미있는 이야기에만 시선을 뺏겨서 정작 중요한 가르침을 놓쳤던 것입니다. 훗날 그는 아테네에서 철학자 데마데스가 아닌 이야기꾼 데마데스로 불리게 됩니다.

아테네 사람들은 자신들의 귀만 즐겁게 하였을 뿐, 정말 훌륭한 철학자 데마데스의 가르침에는 전혀 영향을 받지 못했습니다. 우리에게 매우 귀중한 교훈을 주는 사건입니다. 깊이 생각해 보시기 바랍니다.

예수 그리스도로부터 벗어난 기독교

성도 여러분, 예수님께서 전파하고 선포하신 복음이 무엇입니까? 이 질문에 여러분은 어떻게 대답하고 있습니까? 예수님의 성육신 사건과 십자가 사건, 그리고 부활 사건을 통하여 주신 하나님의 말씀은 무엇입니까? 공생애 3년 동안 행해졌던 수많은 가르침과 능력을 통해서 우리에게 전해진 예수님의 복음은 무엇입니까? 이 세상에 전해 준 그 복음은 무엇입니까?

기독교는 예수 그리스도로부터 시작하고, 예수 그리스도 안에서 완성되어 갑니다. 오늘의 역사 안에 기독교의 수많은 잘못과 문제들은 다 예수님으로부터 벗어났기 때문입니다. 예수님의 복음을 가감했기 때문입니다. 예수님께서 전파하신 복음의 메시지, 그 본질을 떠날 때 기독교는 쇠퇴하고 종교화되고 맙니다.

그리스도인의 삶도 단지 형식적인 것으로, 잘못된 인생으로 황폐해지고 맙니다. 우리는 이것을 항상 기억해야 할 것입니다.

『탐욕의 복음을 버려라』(The Disease of the Health and Wealth Gospel)라는 아주 훌륭하고 유명한 책이 있습니다. 이 책의 저자는 오늘날 가장 존경받는, 세계적인 신학자들입니다. 그들이 함께 모여 하나의 주제로 논문을 발표하고, 그것을 책으로 엮은 것입니다. 이 책에서는 한 가지 논지를 경고하고 있습니다. 그것은 오늘날 교회 안에 잘못된 복음이 너무나 편만해 있다는 것입니다. 목회자와 신학자들을 통해서, 그리고 교인들을 통해서 너무나 자연스럽게 잘못된 복음이 전해지고 있다는 것입니다. 그들은 그것을 '번영의 신학, 번영의 복음'이라고 정의합니다. 이것이 오늘날 기독교를 무너뜨리고 있다고 합니다. 즉 예수 그리스도를 믿는 것을 십자가의 은혜로 말미암아 부와 건강을 얻고, 소원이 성취되고, 성공하고, 만사형통하는 것으로 이야기하는 것이 거짓임을 지적합니다.

이것을 '복음의 세속화'라고 말합니다. 왜냐하면 예수님을 부인하지는 않기 때문입니다. 오히려 그들은 예수님의 말씀을 듣기도 하고 그분을 찬양도 합니다. 예수님을 구주로 영접했다고 고백하고, 헌신하고, 봉사도 합니다. 심지어 선교도 합니다. 하지만 그들은 예수님의 복음을 떠났습니다. 예수님이 전파한 복음이 무엇인지를 알지 못하고 있습니다. 그것을 망각했습니다. 이것은 무신론은 아니지만 분명 세속화입니다. 그 세속화가 예수님의 복음을 왜곡시키고 변질시켰습니다. 우리 주변에 이런 세속화된 일들이 방송을 통해서, 그리고 많은 하나님의 사람들을 통해서 전해지고 있습니다.

성도 여러분, 이것을 분별해야 합니다. 그래서 오늘날 많은 하나님의 종들이 이 시대를 가리켜 '복음이 실종된 시대'라고 말합니다. 수많은 교회가 있고, 설교가 있고, 기독교 서적이 쏟아져 나오고 있지만 정작 복음은 실종되었습니다. 우리는 항상 성경으로 돌아가야 합니다. 어떤 정보나 지식을 얻는 것, 마음에 감동을 받는 것도 중요하지만, 그보다 더 중요한 것은 항상 성경 안에서 예수 그리스도의 가르침을 분별하는 것입니다. 이것이 참인가 거짓인가, 그럴듯한 이야기기인가 아닌가를 확증해야 합니다. 그 책임은 각자에게 있습니다.

깊이 예수 그리스도 안에서 다시 생각해야 합니다. 왜냐하면 이 시대는 너무나 스승들이 많기 때문입니다. 성경도 이것을 경고하고 있습니다. 자기 정욕을 좇아 자신의 귀를 즐겁게 하려고 너무나 많은 스승을 모시고 살아간다고 말합니다. 여기서 혼란을 겪습니다. 그럴 때마다 우리는 예수님께로 돌아가야 합니다. 그 사람이 바로 그리스도인입니다.

예수께서 전파한 복음의 핵심으로서의 하나님 나라

오늘 본문은 예수님이 전파한 복음을 기록한 말씀입니다. 아주 간단명료합니다. 이 안에서 예수님이 전한 복음이 무엇인지, 기독교가 무엇인지, 교회가 무엇인지를 명백하고도 간단하게 선포하고 있습니다. 오늘 본문 15절 말씀을 항상 기억하시기 바랍니다. 예수님이 말씀하십니다. "때가 찼고 하나님의 나라가 가까이 왔으니 회개하고 복음을 믿으라."

이것은 예수님의 첫 번째 설교입니다. 공생에 첫 시작의 선포입니다. 오랜 기간 기다렸다가 바로 이때 이 선포를 하시면서 계속해서 이 말씀을 전하십니다. 가르치십니다. 공생애를 통해서, 이적을 통해서, 가르침을 통해서 수없이 이 말씀을 증거하십니다.

그리고 부활하신 후에도 승천하시기까지 40일 동안 오직 하나님 나라의 일만 말씀하셨다고 성경은 기록하고 있습니다. 예수님이 전파한 말씀은 하나님 나라입니다. '하나님 나라가 가까이 왔다!' 이 메시지를 이 땅에 주셨습니다. 그것 때문에 이 땅에 오셨고, 십자가에 죽으셨고, 부활하셨습니다. 오늘도 성령 안에서 이 복음을 전하고 계십니다.

우리가 천국, 천당이라고 말하는 하나님 나라, 이것이 복음의 진수요 핵심이며, 하나님의 선언입니다. 교회와 기독교는 이 말씀을 떠나서는 생존할 수 없습니다. 만일 그렇게 되면 다 종교화되고 맙니다. '하나님 나라가 가까웠느니라!' 오늘도 주께서 말씀하십니다.

어느 대학의 수학과 수업에서 있었던 일입니다. 교수님이 강의실로 들어오자마자 흑판에다가 숫자 세 개를 적었습니다. 2하고 점찍고, 4하고 점찍고, 8하고 점찍고, 그리고 말합니다. "이것의 답은 무엇일까?" 학생들은 생각한 후에 손들어서 서로 말합니다. 한 학생이 "그거요? 2, 4, 8, 이거 14입니다. 이건 더하기입니다." 또 한 학생이 일어나, "아닙니다. 이건 수의 배열입니다. 2, 그 다음에 4, 그 다음에 8, 그 다음에 16이 올 겁니다. 이게 정답입니다." 그랬더니 또 어떤 학생은 다른 이야기를 합니다. "아닙니다. 이건 곱하기입니다. 답은 64입니다." 각자 나름대로 자신 있게, 소신 있게 대답했습니다.

모든 대답을 다 들은 후 이 교수는 이런 중요한 가르침을 주었습니다. "모두들 답을 찾는 데만 혈안이 되어 있지만, 자네들은 가장 중요한 것을 잊었네. 도대체 어째서 문제가 무엇이냐고 묻는 사람은 단 한 사람도 없나? 아니 '2, 4, 8'이라고 적었는데, 왜 이게 뭐냐고 묻는 사람이 없어? 문제를 모르는데 어떻게 답을 알 수 있겠는가?"

성경은 모든 인생의 문제에 대한 답을 우리에게 명백하게 주고 있습니다. 오늘 성경도 '무엇이 이 세대의 문제인가? 왜 하나님은 이 땅에 오셨는가? 왜 하나님은 이 땅에 오셔서 하나님 나라를 전파하신 것인가?' 하는 이유를 우리에게 계시해 줍니다. 오늘 성경은 분명히 말씀합니다. "때가 찼고…"(15절). "The Time is Fulfilled." 갈라디아서 4장 4절도 말씀합니다. "때가 차매 하나님이 그 아들을 보내사…."

아무 때나 보낸 것이 아닙니다. 때가 찼습니다. 성경 안에서 그 때가 무엇인지를 우리는 명백히 알 수 있습니다. 어느 때입니까? 세상이 죄와 악으로 충만할 때입니다. 의인은 없습니다. 서로 의인이라 하지만, 하나님 보시기에는 한 명도 없는 그런 때입니다. 불의와 불경건이 충만한 때입니다. 그리하여 하나님을 조롱하고, 무시하고, 비난하고, 우상화하고, 왜곡하여 하나님이 없다고 선언한 그 때를 말씀합니다.

오늘 성경에서 세례 요한이 잡힙니다. 세례 요한은 마지막 선지자로 하나님의 충성된 의로운 종입니다. 잘못한 일이 하나도 없는 사람입니다. 그런데도 유대인의 왕인 헤롯이 그를 잡아서 감옥에 집어넣습니다. 바로 그 때입니다. 결국 헤롯은 세례

요한을 죽입니다. 바로 이런 때입니다. 의인을 죽이는 때, 결국 죄로 인해서 고통받고, 불행한 삶을 살아갈 수밖에 없는 그 때, 죄로 인해서 절망하고, 두려워하고, 멸망으로 치닫는 그 때를 말합니다. 이때 하나님께서 말씀하십니다. '때가 차매 예수님을 이 땅에 보내셨다.' 예수님은 바로 그러한 때 오셔서 오직 하나의 복음을 전하셨습니다. 하나님 나라를 말씀하셨습니다. 이것을 우리는 항상 기억해야 합니다.

때가 찼고 – 구원의 때

이것이 무슨 의미입니까? 하나님의 진노가 임할 그 때 하나님께서 의인의 때를 열어주셨습니다. 새로운 길을 열어주셨습니다. 생명의 길을 열어주셨습니다. 하나님의 은혜와 사랑이 충만히 나타난 때로 하나님께서 길을 열어주셨습니다. 구원의 역사가 구체적으로 시작하는 때로 전환시키는 그 때입니다. 다시 말해서 하나님 나라는 이 세상의 문제에 대한, 죄와 사망에 대한, 모든 죄인의 문제에 대한, 하나님의 진노에 대한 유일한 해결책입니다. 어느 인간도, 어느 인류도 지금 이 세상의 문제들을 해결할 수 없습니다. 이 고통과 혼돈과 한숨과 근심과 절망과 두려움의 문제를 해결할 수 없습니다.

예수님이 전하신 복음, 하나님 나라는 이 모든 문제에 대한 하나님의 해결책입니다. 죄와 악과 죄인과 이 멸망으로 치닫는 세대에 대한 하나님의 해결책이었습니다. 그 중요성을 알아야 합니다. 세상은 영웅을 기대하고, 개선책을 제시하고, 시스템을 변화시키고, 새로운 교육을 만들고, 종교를 새롭게 창시하고, 수많은 연합활동을 하지만, 한 번도 문제를 해결한 적이 없고, 해결되지도 않습니다. 오직 하나님만이 해결하실 수 있습니다.

그래서 예수님은 첫 설교로부터 마지막까지, 심지어 부활하셔서까지 하나님 나라를 전하셨습니다. 오늘도 말씀합니다. "하나님의 나라가 가까이 왔으니. The kingdom of God has come near." '하나님 나라가 가까이 임하였느니라!' 예수님의 선포입니다. 하나님의 선포입니다. 기독교와 교회의 선포입니다. 하나님 자녀의 선포입니다. 이것뿐입니다.

때가 찼고 - 이미 온 하나님 나라

성도 여러분, 하나님 나라가 앞으로 올 것이라는 이야기가 아닙니다. 자꾸 이렇게 말씀을 가감하면 안 됩니다. 예수님은 이미 왔다고 말씀하십니다. '가까이 왔다. 하나님 나라가 임하였느니라.' 이것이 복음입니다. 단지 가르침을 말하는 것이 아닙니다. 권세 있는 가르침으로, 능력으로 보이셨고 사건으로 말씀하십니다. '하나님 나라가 이미 이 땅에 임하였느니라.' 이것을 믿고 살아가십니까? 그가 그리스도인입니다. 하나님 나라가 임하였음을 체험하고, 기뻐하며, 증거하며 오늘을 살아가십니까? 그 사람이 예수 그리스도의 사람입니다. 우리는 이 복음을 믿음으로 구원받았습니다. 다른 복음이 절대 아닙니다. 하나님 나라가 임하였느니라!

예수님께서는 수많은 이적을 행하셨습니다. 예수님은 출생부터가 이적이지만, 그분의 행적 중에 나면서부터 앉은뱅이가 일어납니다. 태어나면서부터 시각장애인이 눈을 뜹니다. 이제 생각해 보십시오. 누가 이런 일을 행할 수 있습니까? 무슨 능력으로 이런 일을 행합니까? 역사에서 어떤 종교의 창시자가 이런 일을 했습니까? 없습니다. 더욱이 죽은 자를 살리십니다. 바다 위를 건너십니다. 오병이어의 역사를 일으키십니다. 누가 무슨 능력으로 이런 일을 행할 수 있습니까? 아무도 없습니다. 이것을 행할 수 있는 분은 오직 한 분, 하나님밖에는 없습니다. 하나님의 능력이 이 땅에 나타나 이런 일을 보이셨습니다. 지금 이적을 통해서 예수님께서 계시하고 계십니다. '하나님 나라가 임하였느니라. 이 사건이 이 땅에 임하였느니라.'

하나님의 통치로서의 하나님 나라

하나님 나라! 복잡하게 생각하지 말고, 딱 하나만 생각하십시오. 하나님의 통치입니다. 하나님의 뜻이 임한 것입니다. 이것이 하나님 나라입니다. 하나님의 지혜와 능력이 임한 것입니다. 하나님의 다스림이 구체적으로 임한 것입니다. 거기가 하나님 나라입니다.

예수님 스스로가 이 땅에 오셔서 하나님 나라가 임하였음을, 가까이 왔음을 보여주셨습니다. 그런데도 사람들은 다른 데 관심이 있습니다. 온통 자기 귀를, 자기 삶을 편안하게 여기는 것에다 관심을 둡니다. 이 얼마나 불행한 일입니까? 인류는 죄 아래 있다고 성경은 선포하고 있습니다. 죄로 인한 고통과 불행, 그 절망 속에서 살아갑니다. 죄의 노예요, 죄의 종이라고 하나님은 분명히 말씀하십니다.

누가 이 죄에서 우리를 벗어나게 할 수 있습니까? 그 사건이 임하였다는 것입니다. 예수 그리스도의 십자가의 은혜로 우리는 죄 사함을 받았습니다. 이 사건이 임하였습니다. 하나님 나라가 임했습니다. 하나님의 능력이 체험되어 죄 사함의 은총을 입을 때 하나님의 나라가 임한 것입니다. 죄로부터 자유케 되었습니다.

또한 인류는 사망의 권세 아래 있습니다. 죽음의 그림자가 항상 가까이 있습니다. 어떻게 보면 태어나면서부터 죽음을 향해 가는 것입니다. 그것이 인생입니다. 그러므로 죽음이 다가올 때 두렵습니다. 낙심합니다. 고통받습니다. 절망합니다. 몸부림칩니다. 그 권세가 무섭기 때문입니다.

그런데 여기에서 벗어나게 되었습니다. 새로운 소망에 대한 확신이 생깁니다. 영생에 대한 확신이 있습니다. 영원한 삶에 대한 믿음이 있습니다. 그것은 바로 하나님 나라가 임했기 때문입니다. 그래서 그것을 체험적으로 고백하며, 기뻐하고, 찬송하는 것입니다. 주께서 말씀하십니다. "하나님 나라가 가까이 왔으니." 임했다는 말씀입니다. 이것이 복음입니다. 이것이 복음의 진수입니다.

구원의 사건으로서의 하나님 나라

구원이라는 것이 무엇입니까? 소극적으로는 죄와 사망과 세상으로부터 벗어나는 것입니다. 이것은 십자가에서 끝나는 일입니다. 그러나 십자가가 복음의 끝이 아닙니다. 그것은 하나의 은혜의 방편입니다. 적극적으로 이 구원은 하나님 나라에 들어가는 것입니다. 하나님 나라에 들어가기 위해서 십자가가 필요합니다. 십자가의 은혜가 나타나야 합니다. 그 복음의 진수, 그 궁

극을 주께서 말씀하십니다. '하나님 나라가 가까웠느니라. 임하였느니라.'

이것은 추상적인 이야기가 아니지 않습니까? 사건으로, 예수님께서 오신 사건으로부터 이루어졌습니다. 그것을 예수님께서 우리에게 말씀하십니다. 구원에 이르는 믿음은 이 말씀을 믿는 그 믿음입니다. '하나님 나라가 임하였다. 이미 가까워졌느니라.' 그럴 때 하나님께서 약속하십니다. '내가 너와 항상 함께 있으리라.' 하나님 나라에 들어간 백성은 하나님과 동행하는 삶을 정말로 갈망하고 고백합니다. 체험합니다. 그럴 때 하나님께서 그 나라의 의와 평강과 기쁨을 우리에게 체험케 하십니다. 그리고 우리는 또 고백합니다. '하나님 나라가 임하였구나!'

이 하나님 나라에 어떻게 들어갈 수 있습니까? 아무리 선행하고, 구제 활동하고, 봉사하고, 내 모든 열정과 재산을 다 내어줘도 못 들어갑니다. 예수님은 말씀하십니다. "회개하라. 믿으라." 그래서 오늘 본문 15절 말씀에서 이 첫 선포가 예수님이 전하신 복음 안에 다 들어 있는 것입니다. "이르시되 때가 찼고 하나님의 나라가 가까이 왔으니 회개하고 복음을 믿으라 하시더라." 이 말씀 속에, 이 간단한 예수님의 설교 속에 모든 것이 함축되어 있습니다. 나머지는 그것을 풀어간 것뿐입니다. 조금 더 구체적으로 다양한 측면에서 증거하고, 가르쳤던 것뿐입니다.

예수님의 제자들을 생각해 보십시오. 그 많은 가르침을 보고 사건을 목격했지만, 이 말씀을 듣지 못했습니다. 들었으나 듣지 못한 것입니다. 눈으로 보고도 보지 못한 것입니다. 그리고 십자가 사건 앞에 '죽을지언정 우리는 배신하지 않겠습니다!' 하고 장담했지만, 하루도 못 가서 다 배신하고, 다 도망갔습니다. 이것이 우리의 모습입니다. 왜냐하면 아직 하나님 나라가 무엇인지 모르기 때문입니다.

심지어 부활하신 그리스도를 만나고도 고향으로 돌아갔습니다. 그것이 성경 기록입니다. 성경은 그것을 숨기지 않았습니다. 그런데 예수님이 승천하시면서 성령을 보내주셨기에 성령이 임하고 나서 그들이 깨닫습니다. 밝히 압니다. '아, 이거구나! 이 모든 것이 하나님 나라를 말하는 것이구나!' 그래서 그들은 예수님께 충성하고, 순종하며, 순교합니다. 이 복음을 전파하기 위해서, 그대로 십자가와 부활을 통해서 '하나님 나라가 임하였느니라'라고 하신 예수님의 그 복음을 같이 선포했던 것입니다. 거기에 교회가 있었던 것이고, 교회의 시작이 거기로부터 된 것입니다.

성도의 삶으로서의 하나님 나라

오늘날 한국의 20세기부터 지금까지 가장 불쌍한 사람들이 사는 곳이 어디라고 생각하십니까? 제 개인적으로는 소록도입니다. 소록도에는 한센병에 걸린 사람들이 살고 있습니다. 그곳은 완전히 격리된 곳입니다. 거기서 마음대로 나오지도 못했습니다. 그곳에 사는 분들은 그렇게 살았습니다. 그 무서운 질병, 불치병 속에서 참 어그러진 모습으로 살아갑니다. 그런데도 그들은 기뻐하고 찬양합니다.

특별히 그중에서 장기진 할아버지를 잊지 못합니다. 그분은 소록도에서 장기간 사셨습니다. 얼마나 오랫동안 사셨는지 아십니까? 76년 동안입니다. 7년 6개월, 76일도 아니고, 무려 76년입니다. 17살에 들어가서 93세에 돌아가셨습니다. 수많은 크리스천들이 봉사하러 그곳을 방문했다가 그분을 다 만났습니다. 그들은 장기진 할아버지에 대해 한목소리로 말합니다. "그분은 항상 기뻐하고, 항상 감사하고, 항상 찬양하고, 항상 만족한 삶을 사셨습니다. 그리고 오히려 복음을 전하셨습니다."

여러분, 이것이 어떻게 가능한 것입니까? 하나님 나라를 믿었기 때문입니다. 예수님이 전파하신 "하나님 나라가 임하였느니라!"를 믿었기 때문입니다. 그는 그 어둠 속에서, 고통 속에서 하나님 나라를 체험했습니다. 소망했습니다. 하나님의 선물을, 하나님과 함께함을, 하나님의 의와 평강과 희락이 자신에게 나타남을 경험했습니다. 그래서 감사 찬양하고, 하나님께 영광 돌리는 권세 있는 삶을 살아갔던 것입니다.

성도 여러분, 예수님이 전파하신 하나님 나라, 그 복음은 하나님의 복음이요, 하나님의 해결책입니다. 이것만이 영광의 복음입니다. 이 외에 다른 해결책은 없습니다. 이 세상 어떤 문제의 해결책도 없습니다. 속지 마십시오. 유일한 해결책은 하나님이 주신 하나님 나라입니다. 그래서 그리스도인은 믿음으로 하나님 나라 백성이 되었으므로 그 나라를 갈망하는 것입니다. 그 나라가 완성되기를요. 그리고 이 땅에 임한 하나님 나라를 체험하며, 고백하며, 기뻐합니다. 부활하신 예수 그리스도께 우리의 마음과 눈이 고정될 때 우리는 항상 하나님 나라를 보게 됩니다. 깨닫게 됩니다. 오늘도 성령을 통하여 부활하신 예수 그리스도께서 우리에게 하나님 나라를 말씀하시기 때문입니다.

하나님 나라는 예수님이 계신 곳입니다. 예수님과 함께하는 그곳이 하나님 나라입니다. 예수님은 이 땅에 오셨고, 다시 오실 것입니다. 그리스도인은 이 하나님 나라 복음에 대한 온전한 믿음으로, 성령의 인도하심에 따라, 새로운 세계를 봅니다. 영적인 세계를 봅니다. 세상이 알 수도 없고, 들어도 듣지도 못하고, 아무리 전해도 받아들이지 않는 하나님 나라! 그러나 하나님의 자녀들은 압니다. 하나님 나라가 임하였습니다. 주께서 말씀하십니다. "하나님 나라가 임하였느니라."

기도

전지전능하신 하나님 아버지, 이 혼탁한 고통과 불행과 두려움 속에 살아가는 이 세대에, 죄와 악이 가득한 이 세대에 주께서 때가 차매 하나님의 아들을 보내시어 하나님 나라를 선포해 주심을 진심으로, 진심으로 감사드립니다. 그 복음을 믿고 우리는 하나님의 자녀가 되었습니다. 그러나 아직도 그 나라의 비밀과 신비를 온전히 영접하지 못하여 다른 복음에 귀를 기울이고, 다른 가르침에 이끌리어 복음의 증인으로 살지 못한 죄인을 용서하여 주시옵소서. 부활하신 주님께서 오늘도 말씀하십니다. '때가 찼고, 하나님 나라가 가까웠느니라. 회개하고 복음을 믿으라.' 오늘 이 말씀이 이곳에 임하는 놀라운 신앙적 체험이 우리에게 있도록 역사하여 주시옵소서. 주 예수 그리스도의 이름으로 간절히 기도드리옵나이다. 아멘.

02

거듭남

예수께서 전파하신
하나님의 나라

02

거듭남

⋮

그런데 바리새인 중에 니고데모라 하는 사람이 있으니 유대인의 지도자
라 그가 밤에 예수께 와서 이르되 랍비여 우리가 당신은 하나님께로부
터 오신 선생인 줄 아나이다 하나님이 함께 하시지 아니하시면 당신이
행하시는 이 표적을 아무도 할 수 없음이니이다 예수께서 대답하여 이
르시되 진실로 진실로 네게 이르노니 사람이 거듭나지 아니하면 하나
님의 나라를 볼 수 없느니라 니고데모가 이르되 사람이 늙으면 어떻게
날 수 있사옵나이까 두 번째 모태에 들어갔다가 날 수 있사옵나이까 예
수께서 대답하시되 진실로 진실로 네게 이르노니 사람이 물과 성령으로
나지 아니하면 하나님의 나라에 들어갈 수 없느니라 육으로 난 것은 육
이요 영으로 난 것은 영이니 내가 네게 거듭나야 하겠다 하는 말을 놀랍
게 여기지 말라 _ 요한복음 3:1-7

20세기의 대표적인 복음주의 설교자로 활동하셨던 하나님
의 종 토저(Aiden Wilson Tozer) 목사님이 쓰신 『세상에 무릎 꿇지
말라』(*Reclaiming Christianity*)라는 책이 있습니다. 그는 이 책에서
매우 중요한 하나님의 진리를 우리에게 가르쳐줍니다. 그는 오
늘날 거듭남이라는 표현을 너무 쉽게, 너무 많이 사용해서 사람
들이 이 말에 무감각해졌다는 것을 경고하며 지적합니다. 성경

에서 '거듭남'이란 부흥을 말하고, 새로운 변화를 말하고, 능력을 말합니다. 한마디로 생생하게 살아 있는 말인데, 이것이 지금 잘못되고 있다는 것입니다. 그러면서 그는 거듭난 사람의 특징 세 가지를 명료하게 성경적으로 말하고 있습니다. 함께 생각해 보시기 바랍니다.

첫째, 거듭난 사람은 우선순위가 바뀌었고, 바뀔 수밖에 없다는 것입니다. 하나님의 말씀을 능력으로 받은 사람은 외적인 것으로부터 내적인 것으로 우선순위가 바뀌게 됩니다. 성령께서 그의 관심을 새로운 영역, 즉 하나님 나라로 향하게 하십니다. 그의 사랑의 대상이 자신에게서 하나님께로 바뀝니다. 전에는 아니었지만, 이제는 전능하신 하나님께 인정받기를 갈망하게 됩니다. '나의 우선순위는 이처럼 바뀌었습니까?'

둘째, 거듭난 사람은 주인의 자세에서 청지기의 자세로 바뀌게 된다는 것입니다. 거듭난 사람은 이 땅의 재물에 대한 태도가 완전히 바뀝니다. 자기가 재물의 소유주라고 생각하지 않으며, 일시적으로 맡았다고 느낍니다. 우리가 재물의 소유주가 아니라는 것을 깨닫기에 온전히 하나님께 드릴 수 있게 됩니다. '나는 재물에 대하여 청지기의 삶을 살아가고 있습니까?'

셋째, 거듭난 사람은 새로운 원리에 따라 살아간다는 것입니다. 오늘날 이 땅을 향한 성경적 기준이 해이해진 것은 통탄할 일입니다. 거듭난 사람은 새롭게 태어난 새로운 원리에 따라 살아갑니다. 예수 그리스도는 나를 구원하신 분이고, 나를 변화시키신 분이라고 고백하게 됩니다. '나는 하나님 나라 중심의 삶을 살아가고 있습니까?'

하나님 나라를 선포하신 예수님

성도 여러분, 정말로 진실로 나는 예수 그리스도 안에서 거듭난 사람입니까? 진실로 나는 예수 그리스도 안에서 새 사람이 되었습니까? 진실로 나는 성령을 통하여 영적인 사람이 되었고, 영 주도적인 삶을 살아가고 있습니까? 진실로 나는 예수 그리스도 안에서 세상 중심이 아닌 하나님 나라 중심의 삶을 살아가고 있습니까? 나는 진실로 하나님 나라의 증인으로 살고, 하나님 나라의 진리를 갈망하며, 그 진리에 이끌려 오늘을 살아갑니까? 하나님 앞에서 진실하게 이 질문에 답해 보시기 바랍니다.

예수님께서 이 땅에 오셔서 선포하신 복음은 오직 '하나님 나라'입니다. 이것을 항상 묵상하며 기억해야 합니다. 다른 무엇이 아니라, '하나님 나라'를 선포하고 증거하셨습니다. 특별히 예수님은 현재적인 하나님 나라를 전하셨습니다. 유대인처럼 죽어서 부활하여 가는 곳이 아니라 현재 이 세상에 하나님 나라가 왔고, 임하였음을 선포하셨습니다. 예수님의 모든 가르침과 이적, 그리고 그분의 삶은 하나님 나라를 현재적인 하나님 나라로 선포하고 증거하고 있습니다.

예수님은 인생의 모든 문제의 답으로 하나님 나라를 선포하셨습니다. 세상의 모든 문제의 해결책이 이 하나님 나라 복음에 있는 것입니다. 이것이 하나님의 해결책입니다. 죄와 사망에 대해서, 불의와 불경건에 대해서, 전쟁과 테러와 폭력과 기근과 질병에 대해서, 모든 근심과 고통과 억눌림과 절망과 두려움에 대해서 하나님이 주신 해결책은 하나님 나라였습니다.

거듭남으로 들어가는 하나님 나라

그렇다면 하나님 나라를 믿는 사람들은 이제 무엇을 소망해야 하겠습니까? 무엇을 간절히 구하겠습니까? 무엇이 간절히 필요한 것입니까? 온 인류가 정말 이 하나님 나라를 믿는다면 이 인류에게 가장 필요한 것이 무엇이겠습니까?

그것은 명백하게 하나님 나라에 들어가는 것입니다. 하나님 나라가 왔는데 나랑 아무 상관이 없다면, 그 나라에 들어갈 수 없다면 이보다 더 비참한 일은 없습니다. 온 인류의 소망인 하나님 나라가 정말 왔다면, 하나님 나라를 갈망하고 그 나라에 들어가기에 힘쓸 것입니다. 더 이상 이 세상에서의 부와 건강의 문제가 아닙니다. 이 세상을 개혁하고 개선하는 문제도 아닙니다. 이 세상에서 내 소원이 이루어지고, 내가 평안하게 살고 만족하는 그런 것이 아닙니다. 정말 하나님 나라가 왔다면, 예수님의 말씀이 진실이라면, 우리가 정말 믿는다면, 이제는 오직 한 가지밖에는 없습니다. 바로 하나님 나라에 들어가는 것입니다. 그리고 하나님 나라의 삶을 살아가는 것입니다. 이것을 항상 기억해야 합니다.

엄마를 따라 결혼식에 간 꼬마가 있었습니다. 그 꼬마가 엄마에게 물었습니다. "엄마, 결혼이 뭐야?" 엄마는 친절하게 이야기해 줍니다. "결혼? 그건 사랑하는 사람이 만나서 서로 이해해 주고, 위로해 주고, 가까이하고, 도와주고, 격려하고, 칭찬하고, 그런 게 결혼이야." 그랬더니 꼬마가 고개를 끄떡끄떡하더니 이랬습니다. "아, 그렇구나! 그럼 엄마랑 아빠는 결혼한 게 아니네!"

정말 하나님 나라를 믿는데, 하나님 나라가 임하였다는 것을 믿는데, 어떻게 하나님 나라에 들어가기를 소망하지 않겠습니까? 그것은 잘못 믿는 것입니다. 예수님을 믿지 않는 것이고, 믿더라도 잘못된 동기로 믿는 것입니다. 그것은 구원받은 믿음이라 할 수 없습니다.

그럼 어떻게 해야 하나님 나라에 들어가겠습니까? 이 세상 모든 종교도 영원한 세계에 들어가는 것을 말하지만, 성경은 무엇이라고 표현합니까? 하나님은, 예수님은 어떻게 말씀하십니까? 어떻게 해야 정말 하나님 나라에 들어가는 것입니까? 단 하나밖에는 없습니다. 바로 거듭나야 합니다.

거듭남이 없이는 하나님 나라에 들어갈 수 없습니다. 아무리 내가 세상에서 존경받고, 의롭고, 착하게 살고, 선을 행하고, 심지어 목사가 되고, 선교사가 되어 큰일을 했다 하더라도 못 들어갑니다. '나는 하나님 나라에 들어갈 거야! 이미 들어갔어!' 하고 아무리 유대인같이 외쳐도 유대인처럼 못 들어가는 것입니다. 성경은 하나님 나라에 들어가는 답을 줍니다. 예수님은 이렇게 말씀하십니다. "거듭나야 하나님 나라에 들어간다."

위로부터의 출생인 거듭남

기독교에서 존경받는 분 중에 구세군을 설립한 윌리엄 부스(William Booth)라는 분이 있습니다. 이분이 임종할 때 있었던 일입니다. 그를 평소에 존경했던 사람이 그에게 여쭤봤습니다. "목사님, 다가올 세대에 기독교의 가장 큰 위험이 무엇이겠습니까?" 그는 잠시 기도한 후에 아주 간단하게 두 가지를 언급했습니다. 그 첫째가 '거듭남 없는 용서'입니다. 많은 사람들이 십자가를 말하면서 자기가 죄 사함을 받았다고 이야기하는데, 사실 객관성 없이 심리적인 것에만 매달려 있습니다. 그러나 용서는 거듭나야 받습니다. 단순한 심리적 죄 사함은 거듭남을 추상적으로 여긴 것에 불과합니다. 이런 철학적 가르침은 기독교가 아닙니다. 이것을 분별해야 합니다. 둘째는 '그리스도 없는 교회'입니다. 말로는 주여, 주여 하는데 주님께 순종하지를 않습니다. 정말 예수 그리스도께 순종하지 않습니다. 그분이 전한 말씀에 귀를 기울이지 않습니다. 그것은 교회가 아닌 종교기관에 불과한 것입니다.

예수님께서 오늘 우리에게 말씀하십니다. 이 인류를 향해서 말씀하십니다. "예수께서 대답하여 이르시되 진실로 진실로…." 성경에서 예수님이 '진실로 진실로' 하고 말씀하실 때 이것은 가장 강조하는 말씀입니다. "네게 이르노니 사람이 거듭나지 아니하면 하나님의 나라를 볼 수 없느니라"(3절). 이어서 다시 반복해서 말씀하십니다. "예수께서 대답하시되 진실로 진실로 네게 이르노니 사람이 물과 성령으로 나지 아니하면 하나님의 나라에 들어갈 수 없느니라"(5절). 무슨 말씀입니까? 오직 거듭나야만, 거듭난 사람만이 천국에 들어간다는 말입니다. 여기에 그리스도인의 믿음이 있습니다.

성도 여러분, 거듭남이 무엇입니까? 이를 원문에 가까운 영어 성경으로 보면 좀 더 분명히 이해할 수 있습니다. 'Born from Above', '위로부터의 출생'입니다. 우리 인간은 땅으로부터, 즉 아래로부터 출생하였습니다. 그런데 거듭남은 위로부터의 출생, 그리고 하늘로부터의 출생, 즉 영적인 것을 말합니다. '영적 생명'입니다. 이것을 우리는 'Born Again', '다시 태어났다'라고 말합니다. 또는 'Regeneration', '중생'이라고 선언합니다. 한마디로 신기원적 출생입니다. 세상은 알 수도 없고, 들어도 듣지 못하고, 깨달을 수 없는 하늘로부터 오는 신기원적, 생명적 출생, 이것이 거듭남입니다.

이것은 사건입니다. 하나님 나라가 정말 임하였다면 거듭남이 사건인 것입니다. 만일 거듭남이 추상적이라면 하나님 나라가 추상적인 것입니다. '오직 거듭나야만 하나님 나라에 들어갈 수 있느니라.' 이것은 예수님이 전하신 말씀입니다. 이 거듭남은 오직 하나님께서 부르시고 택하신 하나님의 자녀에게만 이루어집니다. 여기에 대한 명백한 인식과 고백과 증거가 있어야 합니다.

거듭남의 오해와 무지

그런데 이러한 거듭남에 대해 무지하거나, 또는 오해합니다.

이는 모두가 다 사탄의 역사라고 할 수 있습니다. 그렇기에 오늘날 교회와 기독교 안에 거듭남에 대한 모호함이 만연해 있습니다.

첫 번째 오해는 거듭남을 추상적인 것으로 만드는 것입니다. 다른 종교의 가르침처럼 추상적인 것으로 여기고, 이것을 아주 근거 있게 생각합니다. 세상의 종교는 위로부터, 하늘로부터 오는 출생을 불가능하게 봅니다. 그러나 예수님은 말씀하십니다. '거듭나지 않으면 하나님 나라에 들어갈 수 없느니라.' 즉 위로부터, 하늘로부터의 출생을 말씀하십니다.

우리를 혼돈케 하는 많은 사람들이 있는데, 그중에서 대표적인 인물이 간디입니다. 간디는 분명 역사적으로 훌륭한 분입니다. 저도 그분을 존경하고 그분의 책을 많이 읽었습니다. 하지만 안타깝게도 그는 거듭나지 못했습니다. 이것은 명백합니다. 그는 성경 지식을 많이 알았고, 기도도 하고 살았습니다. 그러나 그가 생각하는 가장 최상의 진리는 힌두교와 기독교를 합치는 것이었습니다. 그는 거기서 벗어나지 못했습니다. 그는 땅에서 벗어나지 못했기에 하늘로부터 오는 출생을 알지 못했습니다.

두 번째 오해는 거듭남을 보편적인 메시지가 아닌 특별한 사람에게만 해당되는 것으로 여기는 것입니다. 예를 들어서 거듭남은 폭력자들, 범죄인들, 중독자들, 실패한 자들에게나 필요한 것이지 인격이 있고, 성공했고, 권세가 있고, 출세했고, 지식이 있고, 명예가 있고, 선하다는 칭호를 받는 내게는 해당되지 않는다고 생각하는 것입니다. 여러분, 정말 그렇습니까? 절대 아닙니다.

또 다른 오해는 거듭남을 개선이라고 생각하는 것입니다. 현재의 내 상태에서 조금 더 성숙하고 성장하는 것으로 여깁니다. 이것 또한 절대 아닙니다. 성경은 명백히 말씀합니다. "옛 사람을 버리고." 옛 사람에 조금 더하는 것이 아닙니다. '옛 사람, 이것을 버리고 새 사람을 입으라.' 이것이 거듭남입니다. 성경은 분명히 말씀합니다. "너희는 그리스도 안에서 새로운 피조물이라." 이것은 새로운 출생을 말씀합니다. 조금 더 변하고, 조금 더 착한 사람이 되는 그런 말씀이 아닙니다. 속지 마십시오.

니고데모를 향한 한 말씀 - 거듭남

오늘 성경에 니고데모가 나타납니다. 예수님께서는 니고데모에게 특별히 거듭남에 대해서 말씀하셨지만, 그 안에 우리를 향한 보편적 계시가 나타납니다. 그는 바리새인이었습니다. 항상 성경을 묵상하고 가르치려고 애쓴 사람이라 할 수 있습니다. 또 그는 관원이었습니다. 한 마디로 당시 성공한 사람입니다. 또

나중에 예수님의 무덤에 여러 가지 향유와 값진 것들을 가져오는 것을 볼 때 아마 부자였을 것입니다. 니고데모는 존경받는 지도자였습니다. 그리고 그는 진실하고 정직한 사람이었습니다. 그런데 예수님께서 그의 중심을 보시고 말씀하십니다. "니고데모야, 거듭나야 해. 네가 하나님 나라에 들어가기를 원한다면 거듭나야 해. 네가 영생을 갖기 원해? 거듭나야 해. 그 외에 길이 없어."

만일 이 말씀을 세리나 창녀, 망가진 사람에게 하셨다면 이랬을 것입니다. "네, 그럼요. 저는 나쁜 놈입니다. 이대로는 안 됩니다. 그럼요. 저는 새 사람이 되어야 합니다." 그런데 예수님은 이것을 유대인들에게 존경받는 니고데모에게 말씀하십니다. "니고데모야, 거듭나야 하느니라." 그러나 니고데모는 이 말을 알아들을 수 없었습니다. 그가 차라리 망가진 사람이었다면 알아들었겠지만, 너무나 훌륭한 사람이었기에 오히려 알아듣지 못한 것입니다. 그래서 고작 이런 우스꽝스러운 질문을 던집니다. "내가 늙었는데, 어머니 뱃속으로 다시 들어갑니까? 두 번 들어가야 합니까?" 어째서 니고데모는 이런 어리석은 질문을 한 것입니까? 인간적인 지식이 그를 가로막고 있었기 때문입니다. 성경에 관한 지식, 선행, 그리고 인격이 하나님의 진리를 가로막기 때문에 그는 이렇게 질문할 수밖에 없었던 것입니다.

거듭남 - 하나님 나라의 관점

주일학교 선생님이 아이들에게 천국에 대해서 말씀을 했습니다. 그러면서 이렇게 물었습니다. "얘들아, 너희들이 집을 팔고, 자동차를 팔고, 모든 재물을 모아서 하나님께 바치면 모두 천국에 들어갈까요?" 그랬더니 아이들이 말합니다. "아니요. 아니요." "그러면 교회에 와서 청소하고, 봉사하고, 착한 일 많이 하면 천당 갈까요?" 그랬더니 또 말합니다. "아니에요. 아니에요." "그러면 동물을 많이 사랑하면 천당 갈까요?" "아니요. 아니요." "그럼 어떻게 해야 천국에 갈 수 있을까요?" 이에 한 아이가 큰소리로 대답했습니다. "죽어야 천국 가죠."

에베소서 2장 1절은 명백하게 말씀합니다. "그는 허물과 죄로 죽었던 너희를 살리셨도다." 그리스도인이란 죽었다 살아난 자입니다. 이것은 영적 죽음과 출생을 말합니다. 정말 영적으로 죽고 살지 않으면 천국에 못 들어갑니다. 그것이 예수님의 십자가에 나타난 계시입니다. 그 사건 속에서 예수님이 십자가에 죽으셨으나 다시 부활하셨습니다. 우리는 그 사건을 믿음으로 죽고 다시 사는 것입니다. 이러한 영적 죽음과 부활이 나의 실제적, 체험적 고백이 되지 아니하면 아무 소용이 없습니다. 거듭남은 영적 죽음과 부활입니다.

이제 예수님께서 더 친절하게 아주 귀한 말씀을 니고데모에게, 또 우리에게 주십니다. 그것이 오늘 6절 말씀입니다. 참으로 신비하고 귀한 말씀입니다. "육으로 난 것은 육이요 영으로 난 것은 영이니." 육으로 난 사람은 육의 관계밖에 보지 못합니다. 그러므로 세상밖에는 알지 못합니다. 그가 하늘의 진리를 어떻게 알겠습니까? 그런데 영으로 난 사람은 영원한 세계를 보고 압니다.

이 세상에는 수많은 다양한 인종이 있습니다. 그래서 인종차별이라는 게 있는 것 같습니다. 또한 이 세상에는 다양한 계층이 있고, 다양한 문화가 있고, 저마다 다양한 모습으로 살아갑니다. 이렇게 각기 얼굴도 다르고, 지식도 다르고, 습관도 다르고, 그러니 불평등이 있을 수밖에 없고, 불화가 생길 수밖에 없는 것입니다. 그것이 세상 그대로의 모습입니다.

그러나 하나님 나라에서는 다릅니다. 하나님 나라의 관점은 새로운 진리입니다. 딱 두 부류밖에 없습니다. '거듭났는가, 거듭나지 못했는가?', '이 사람이 육으로 난 사람인가, 영으로 다시 태어난 사람인가?' 이 둘밖에 없는 것입니다. 이것이 하나님의 관점이요, 예수님께서 우리에게 주시는 하나님 나라의 판단입니다.

'거듭났는가, 거듭나지 않았는가?' 교회에서는 이것이 보여야 합니다. 그리스도인에게는 이 관점이 보여야 합니다. '잘생겼는가, 못생겼는가?', '성공했는가, 성공하지 못했는가?', '지식인인가, 아닌가?' 이런 것이 아니라, 오직 '거듭난 사람인가, 아닌가?', '정말 천국에 들어간 사람인가, 아닌가?'가 중요합니다. 성도 여러분, 여러분은 이런 관점으로 예수님같이 하나님 나라를 보며 오늘을 살아가십니까?

거듭남 – 하나님 주도적 역사

거듭남은 하나님의 주도적인 역사이자, 성령의 주도적인 역사입니다. 다시 말해서 아무리 인간이 노력하고, 열심히 선행하고, 수많은 업적을 쌓고, 칭찬을 받아도 안 되는 것입니다. 그것은 그냥 니고데모 수준에 불과합니다. 거듭남은 영적인 것이자, 하나님 주도적입니다. 동시에 이것은 출생이기에 단번에 이루어집니다. 사람의 출생은 단번에 태어나고 단번에 이루어집니다. 절대 반복적인 것이 아닙니다. 그래서 거듭난 사람은 "저 거듭나게 해주세요! 거듭나게 해주세요!" 하는 기도를 계속하지 않습니다.

거듭남은 이성적 차원에서 알 수 있는 것이 아닙니다. 그것은 신비로운 것입니다. 그러나 거듭남을 아는 방법이 있습니다. 예수님께서는 그 방법을 말씀하십니다. "물과 성령으로 나야 하느니라." 물이란 세례를 뜻합니다. 세례란 회개와 믿음입니다. 그래서 예수님께서 와서 말씀하십니다. "때가 찼고 하나님 나라 가 가까웠으니 회개하고 복음을 믿으라." 회개와 믿음은 거듭난 자의 표지입니다.

거듭남은 출생과 같기에 한 번에 이루어지는 것이지만, 그 사람의 성장과 성숙은 회개와 믿음을 통해서 지속적으로 이루 어집니다. 그것이 어떻게 지속되는가 하면, 하나님의 말씀 안에 서, 그리고 하나님 나라 복음 안에서 계속 회개하면서 믿음이 자 라납니다. 어린아이가 출생했는데, 그 아이가 자라나지 못한다 면 그것은 죽은 아이와 같습니다. 거듭났으면 자라나야 됩니다. 계속된 회개와 믿음을 통하여 온전하게 거듭난 사람으로 변해 갑니다. 이것은 하나님의 신비로운 주도적 역사입니다.

거듭남 – 교회의 본질

18세기 영국의 대부흥을 주도했던 위대한 조지 횟필드 (George Whitefield)라는 분이 있습니다. 참으로 존경받는 역사적 인 설교가요, 하나님의 사람입니다. 제가 이분을 특별하다고 생 각하는 것은 이분의 설교 때문입니다. 이분은 대다수의 설교를 '거듭남'이라는 주제로 했습니다. 많은 성경 구절이 있지만, 굳

이 요한복음 3장을 통해서 거듭남에 대해 천 번 이상 설교하신 분입니다.

평소 이분을 존경하고, 이분의 말씀을 좋아했던 어떤 사람이 어느 날 불만스럽게 말했습니다. "목사님, 왜 만날 거듭나지 않으면 천국에 들어갈 수 없다고, 거듭남만 설교하십니까?" 이 말은 아마도 이런 뜻일 것입니다. '다른 이야기도 좀 해주셔야지, 왜 매일 거듭남입니까?' 그랬더니 목사님이 그 사람의 얼굴을 지그시 쳐다보면서 이런 말씀을 하셨습니다. "당신이 거듭나야 하기 때문이고, 당신이 천국에 들어가야 하기 때문입니다."

정말 천국이 임하였다면 거듭남보다 더 중요한 일이 어디 있겠습니까? 이것이 확증되고, 느껴지고, 체험되고, 이 일을 행하신 하나님의 은혜와 사랑과 지혜와 능력을 고백하는 것이 얼마나 귀한 일이겠습니까?

성도 여러분, 교회의 본질은 거듭남입니다. 수많은 행사가 있고, 수많은 사람이 모이는 곳이 교회가 아닙니다. 그런 종교기관은 세상에 많습니다. 교회의 교회됨은 거듭남의 역사에 있습니다. 초대교회는 거듭난 자들이 모였던 곳이었습니다. 사도행전을 다시 읽어보십시오. 하나님의 복음이, 하나님의 나라가 전파되었고, 사람들은 그 나라의 복음 안에서 찔림을 받았습니다. 그리고 회개했고 믿었습니다. 그렇게 거듭난 자들이 모인 곳이 교회가 되었습니다. 그들은 모여서 예배를 드렸습니다. 처음에 예배하기 위해서 모인 것이 아니라, 거듭나서 하나님을 찬양하다 보니 그것이 교회가 되었습니다. 그들은 하나님 나라를 갈망했습니다. 하나님 나라를 정말 기뻐했습니다. 그것이 예배가 되었습니다.

그들은 하나님 나라의 지식과 진리를 배우기 위해서 힘썼습니다. 그것이 교회가 되었습니다. 그들은 하나님 나라를 정말 소망했습니다. 그것이 교회가 되었습니다. 그들은 더 이상 세상 것을 구하지 않았습니다. 세상 것들이 필요하지 않았다는 것이 아닙니다. 이미 하나님은 그것에 대해서 알고 계시고, 이 세상 모든 문제와 내 문제의 답으로 하나님 나라를 주셨기 때문에 거기부터 시작하는 것입니다. '위의 것을 구하라. 땅의 것을 이루시리라.' 그야말로 하나님 나라 중심의 삶을 살아갔던 것입니다.

거듭남의 증거 – 하나님 나라 중심의 삶

성도 여러분, 진실로 나는 예수 그리스도 안에서 거듭난 사람입니까? 그렇다면 나는 지금 하나님 나라 중심의 삶을 살 것이고, 영의 생각에 이끌려 살 것이고, 영 주도적인 삶을 살아가는 내 모습을 보게 됩니다. 만일 그렇지 않다면 거듭나지 못한 것이요, 즉시 하나님께 기도해야 합니다. "하나님, 성령을 통하여 내게 거듭남의 역사를 허락하여 주소서." 이것은 사람이 할수 있는 것이 아닙니다. 성경공부를 한다고 되는 일도 아닙니다. 오직 하나님만이 하실 수 있는 일입니다. "내게 회개하는 마음을 주시고, 하나님 나라를 믿는 마음을 주소서. 이 깨끗한 마음으로 하나님 나라를 보게 하시고, 하나님 나라에 들어간 하나님 나라의 자녀임을 알며 오늘을 살게 해주소서." 기도하며 기다릴 뿐입니다.

ⓘ **기도**

전지전능하신 하나님 아버지, 이 어두운 세상에 예수 그리스도를 보내시어 하나님 나라를 선포하시고 그 복음을 믿음으로 하나님 나라의 백성이 되게 하심을 진심으로, 진심으로 감사드립니다. 주의 자녀에게 이미 거듭남의 역사가 나타났고, 이 신비로운 영적 출생이 이루어졌음을 보고, 체험하고, 고백하고, 기뻐하게 하여주시옵소서. 진실로 하나님 나라 중심의 삶을 살아가는 주의 자녀가 되어 권세 있고, 하나님께 영광 돌리며, 형통한 삶을 살도록 주의 길로 인도하여 주시옵소서. 우리 주 예수 그리스도의 이름으로 간절히 기도드리옵나이다. 아멘.

03

부활하신 예수

예수께서 전파하신

하나님의 나라

부활하신 예수

:

안식일이 지나매 막달라 마리아와 야고보의 어머니 마리아와 또 살로메
가 가서 예수께 바르기 위하여 향품을 사다 두었다가 안식 후 첫날 매우
일찍이 해 돋을 때에 그 무덤으로 가며 서로 말하되 누가 우리를 위하여
무덤 문에서 돌을 굴려 주리요 하더니 눈을 들어본즉 벌써 돌이 굴려져
있는데 그 돌이 심히 크더라 무덤에 들어가서 흰 옷을 입은 한 청년이
우편에 앉은 것을 보고 놀라매 청년이 이르되 놀라지 말라 너희가 십자
가에 못 박히신 나사렛 예수를 찾는구나 그가 살아나셨고 여기 계시지
아니하니라 보라 그를 두었던 곳이니라 가서 그의 제자들과 베드로에게
이르기를 예수께서 너희보다 먼저 갈릴리로 가시나니 전에 너희에게 말
씀하신 대로 너희가 거기서 뵈오리라 하라 하는지라 여자들이 몹시 놀
라 떨며 나와 무덤에서 도망하고 무서워하여 아무에게 아무 말도 하지
못하더라 _ 마가복음 16:1-8

저명한 복음주의 신학자인 제임스 패커 목사님이 쓰신 『사
도신경』(Growing in Christ)이라는 책이 있습니다. 이 책에서 그는
예수께서 부활하지 않으셨다면 기독교는 성립할 수 없었을 뿐
만 아니라, 아예 근본부터 무너졌을 것이라고 강조합니다. 그러
면서 부활하신 예수님이 기독교의 핵심인 네 가지 이유를 성경
적으로 간략히 설명합니다. 함께 생각해 보시기 바랍니다.

첫째, 그리스도께서 다시 사신 일이 없으면 그리스도인의 믿음도 헛되고, 우리가 여전히 죄 가운데 있을 것이기 때문입니다. 그러면서 그는 고린도전서 15장 17절을 인용합니다. "그리스도께서 다시 살아나신 일이 없으면 너희의 믿음도 헛되고 너희가 여전히 죄 가운데 있을 것이요." 예수님이 비록 십자가에 죽으신 일이 역사적 사실이라 할지라도 부활이 없었다면 한 의인이 죽은 것이지, 그 일로 우리의 죄 사함이 없어지는 것은 아닙니다. 그리고 그분이 하신 약속은 다 헛된 것이 되고 맙니다.

둘째, 예수께서 다시 사시지 않았다면 우리가 다시 살 소망도 없기 때문입니다. 마치 종교에서 말하는 소생이나 막연한 부활, 이런 정도이지 실제로는 아무 일도 일어나지 않을 것이고, 결국 진정한 부활이란 없게 됩니다.

셋째, 예수 그리스도께서 다시 사시지 않았다면 그분은 지금도 통치하지 못하시고, 다시 오지도 못하시며, 부활 이후에 초대교회에서 일어난 모든 일이 이루어지지 않았을 것이기 때문입니다. 만일 그렇다면 신약성경에 기록된 기독교 역사가 다 없었을 것이고, 신약성경 또한 아마 기록되지 않았을 것입니다.

넷째, 예수 그리스도께서 다시 사신 일이 없다면 기독교는 복음서의 예수이자 살아 계신 주님과 동행할 수 없기 때문입니다. 정말 그렇다면 복음서의 예수께서는 한 개인의 영웅은 되실

지 몰라도 구주는 되실 수 없습니다.

나의 삶에 있어서 예수님의 부활

성도 여러분, 예수님의 부활에 대해 얼마나 그 사건과 거기에 담긴 진리를 묵상하며, 기뻐하고, 또 생각하며 오늘을 살아가십니까? 예수님의 부활은 나와 어떤 관계입니까? 내게 어떤 의미입니까? 그 부활 사건은 내게 무엇을 깨닫게 해줍니까? 그 메시지는 무엇입니까?

기독교는 예수님의 십자가와 부활 사건으로 말미암아 시작되었고, 진행되었고, 오늘까지 계속되고 있습니다. 예수님의 부활을 선포하고 증거하므로 그 존재가 있는 것입니다. 만일 예수님의 부활이 없다면, 그냥 일반종교와 똑같습니다. 믿음이나 소망도 헛된 것이며, 하나님의 사랑이나 은혜도 다 추상적인 것이 되고 맙니다.

세상의 많은 불신자들이 이런 이야기를 합니다. "예수님에 관해서 들었고, 그분은 훌륭한 분이고, 의인이고, 그 가르침이 놀랍고, 위대한 사람인 것 같기는 한데, 그 예수님의 부활은 도대체가 믿지를 못하겠소." 그러나 이것은 예수님에 대해 아무것도 모르는 것입니다. 아무리 예수님의 가르침을 연구했더라도 결국 아무것도 모르는 것입니다. 심지어 교인 중에도 그런 분들이 많습니다. 예수님을 위대한 스승으로, 우리의 본으로만 생각합니다. 마치 영웅처럼 생각하는 것이지요. 그러면서 예수님의 부활 사건에 대해서는 모호한 태도를 보입니다. 확실성이 없고 의심이 많습니다. 그 사실에 입을 다뭅니다. 그렇다면 그는 그리스도인이 아닙니다.

역사적인 사건으로서 예수님의 부활

예수 부활! 이것은 사건입니다. 역사적 사건입니다. 다시 말해서 가르침이 아닙니다. 이것은 진짜 사건입니다. 추상적 진리가 아닌 역사적으로 일어난 실제 사건입니다. 기독교 진리는 항상 사건이 먼저입니다. 말씀이 사건이 되고, 그 사건 속에서 우리가 하나님의 말씀을 듣습니다. 비록 그 사건을 깨닫지 못하고, 이해할 수도 없지만 사건을 믿습니다. 믿음으로 그 사건 속에서 성령의 역사로 말미암아 의미를 깨닫고, 메시지를 듣고, 하나님의 뜻을 분별하며, 하나님에 대한 확신을 갖게 됩니다.

그러나 세상에 있는 모든 타 종교들 전체를 생각해 보십시오. 다 가르침뿐입니다. 세상에 좋은 가르침이 많습니다. 그러나 모두가 다 가르침일 뿐입니다. 추상적입니다. 사건이 없습니다.

있는 것 같지만, 실제로는 없습니다. 우리는 이것을 구별해야 합니다. 부활 사건은 어디에도 없습니다. 그러면서도 내세를 말합니다만 사건이 없기에 그것은 그냥 단순한 가르침일 뿐입니다. 좋은 가르침일 수는 있지만, 소망할 바는 못 됩니다. 왜 그렇습니까? 헛된 것이기 때문입니다. 그냥 말뿐입니다.

하지만 기독교는 예수님의 성육신 사건과 십자가 사건, 그리고 부활 사건으로부터 시작됩니다. 이것이 믿어지고 믿게 됩니다. 그 사건들 속에서 거기에 담긴 의미를 깨닫습니다. 내게 주시는 말씀으로 듣게 되고 하나님의 음성을 듣게 됩니다. 여기에 우리의 신앙고백이 있습니다. 그래서 예수님의 성육신, 예수님의 십자가, 예수님의 부활을 증거하고 고백하게 됩니다.

예수님의 십자가와 부활 사건

사도행전을 보십시오. 사도행전은 기독교 역사입니다. 처음부터 진행되어서 땅끝까지 이런 방식으로 나타날 것을 우리에게 보여주는 역사서입니다. 예수님의 말씀과 가르침이 얼마나 귀합니까? 하지만 그것에 대해서는 한 절도 안 나옵니다. 예수님의 생애조차도 안 나옵니다. 예루살렘과 사마리아와 유대와 땅끝까지 가서 오직 예수님의 십자가와 부활 사건, 그 사건을 내가 믿기 때문에 그 사건을 전했습니다. 그 사건 속에서 성령의 역사로 하나님의 말씀을 듣게 됩니다. 이것이 기독교입니다.

이런 재미있는 전설이 있습니다. 예수님께서 십자가에 돌아가신 다음 날, 아리마대 요셉이 아주 값지고 귀한 무덤을 내놓습니다. 예수님이 아무 데나 묻히신 것이 아닙니다. 예수님은 아주 귀하고 구별된 처소에 안장되셨습니다. 그런데 요셉의 친구가 이것을 영 못마땅해했습니다. 그래서 핀잔을 주고 비난을 합니다. "자네 미쳤나? 그렇게 많은 돈을 들이고, 열정으로 많은 시간을 통해서 준비한 그 귀한 것을 저 십자가에 달린 죄수에게 내어주다니, 자네 머리가 어떻게 된 것 아닌가?" 그랬더니 이 아리마대 요셉이 웃으면서 이렇게 말했습니다. "괜찮아. 별거 아냐. 그분이 주말만 쓰시고 다시 돌려주신다고 했어."

성도 여러분, 모든 종교는 무덤입니다. 그렇기에 모든 종교의 창시자는 무덤에 있습니다. 뼛가루가 되어 이미 없어진 지 오래입니다. 그러므로 무덤의 종교입니다. 그것으로 끝인데, 무덤에게 뭘 물어볼 수 있습니까? 그 이상이나 그 너머를 어떻게 무덤에게 물어볼 수 있습니까?

그러나 기독교는 빈 무덤입니다. 아주 단순합니다. 무덤이 비었습니다. 왜냐하면 예수님께서 부활하셨기 때문입니다. 석가모니나 마호메트, 공자나 위대하고 뛰어난 사람들이 많습니다.

그러나 그들은 무덤 속에 있습니다. 반면 예수님은 부활하셨습니다. 오늘 성경은 그것을 말씀합니다. 성경은 이것을 억지로 진리라고 설명하여 복잡하게 설득하려는 의도가 없습니다. 성경에 그런 것은 없습니다. 단지 빈 무덤을 기록하고 증거할 뿐입니다. 그 사건을 단지 기술했습니다. 그 이유는 예수님께서 부활하셨기 때문입니다. 더 많은 설명이 불필요합니다. 그래 봤자 더 혼란해질 뿐입니다. 그냥 빈 무덤입니다. 그리고 거기에 목격자가 있습니다. 당연히 목격자가 있어야 합니다. 목격자 없이 '나 혼자 부활했다!' 하는 것은 아무런 의미가 없습니다.

몸의 부활로서 예수님의 부활

예수님의 부활의 첫 목격자인 여인들에 대해서 오늘 본문은 이렇게 기록합니다. "여자들이 몹시 놀라 떨며 나와 무덤에서 도망하고 무서워하여 아무에게 아무 말도 하지 못하더라"(8절).

흔히 영혼 부활에 대해서는 계속 생각했던 것 같습니다. 그런데 이것은 차원이 다릅니다. 몸의 부활입니다. 빈 무덤입니다. 예수님이 무덤에 안 계십니다. 이 예수님의 부활 사건을 목격한 사람의 마음은 항상 놀라 떨며 무서워서 아무 말도 못합니다. 정말 우리가 예수님의 부활을 실제 사건으로 믿고 생각한다면 경이로움, 신비, 놀람, 두려움이 먼저입니다. 그 마음으로 오늘을 살아가게 됩니다. 모든 것이 뒤흔들립니다. '어떻게 이런 일이 있을 수 있을까?' 모든 인생관, 모든 세계관이 뒤흔들립니다. 무덤이 아닙니다. 무덤은 비었습니다. 예수님은 부활하셨습니다.

자동차 사고가 나서 세 사람이 죽게 되었습니다. 그들이 천국에 갔을 때 오리엔테이션이 있었는데, 그 진행자가 이렇게 말하더랍니다. "여러분, 관에 누운 여러분을 보고 친척과 친구들이 뭐라고 말했으면 좋겠습니까?" 그랬더니 첫 번째 사람이 이렇게 대답합니다. "저는 훌륭한 의사였고, 가정적인 남자였으며, 좋은 사람이었다는 말을 듣고 싶습니다." 두 번째 사람은 이렇게 대답합니다. "저는 교사로서 아이들의 인생에 큰 영향을 미쳤다는 이야기를 듣고 싶습니다." 마지막 세 번째 사람이 아주 재미있는 이야기를 했습니다. "저는 이런 말을 듣고 싶습니다. '야, 저것 봐! 저 사람 움직였어!'"

성경에 나오는 나사로의 부활에 대해 우리는 일반적으로 부활이라고 말하지만, 엄밀히 따지면 그것은 부활이 아닙니다. 다시 죽기 때문입니다. 썩을 몸에 불과하고, 결국 다시 죽을 생명이기 때문입니다. 이것은 부활이 아닙니다. 요즘에도 TV를 보다 보면 신기한 일이 많이 나옵니다. 어떤 사람이 죽어서 병원의 시체 안치소에 있었다가 며칠 만에 다시 꿈틀거리고 나왔다는 것입니다. 그러나 그것은 부활이 아닙니다. 결국 썩을 몸이고, 죽을 생명이기 때문입니다.

그러나 성경이 말씀하는 예수님의 부활은 유일한 사건입니다. 상상할 수 없는 일입니다. 예수님의 부활은 썩지 않을 몸입니다. 시공간을 넘나드는 몸입니다. 이것은 새로운 몸입니다. 지금 우리 몸의 연장이 아닙니다. 죽지 않는 생명입니다. 하나님의 사시는 생명 그 자체입니다.

제자들을 변화시킨 예수님의 부활

예수님의 제자들을 생각해 보십시오. 이 부활을 목격한 후에 완전히 변합니다. 예수님의 부활 이전에 3년의 기간 동안 제자들이 일주일에 한두 번 성경공부 한 것이 아닙니다. 예수님과 함께 동고동락했고, 많은 가르침을 들었고, 최상의 훈련을 받았습니다. 수많은 이적을 체험했습니다. 예수님께서 능력을 주셔서 능력도 행한 적도 있습니다. 그런데도 그들은 십자가 사건 앞에서 다 도망갔습니다. 예수님께서 잡히시기 불과 몇 시간 전만 해도 그들은 예수님께 다짐하고 또 다짐했습니다. "죽도록 충성하겠습니다. 절대 내가 죽을지언정 예수님을 떠나지 않을 것입니다." 진심이었을 것입니다. 그러나 십자가 사건 가운데 다 도망갑니다. 배반하고 다 흩어졌습니다. 이것이 인간실존입니다. 이것이 우리 인간의 모습임을 알아야 합니다.

그런데 예수 부활의 목격자로서는 완전히 바뀝니다. 이것은 재교육을 받거나 강의를 들은 것도 아닙니다. 예수님께서 무슨 별다른 말씀을 하신 것도 아닙니다. 그냥 예수 부활의 사건을 믿고 난 다음에는 이제 스스로 생각합니다. 그리고 모든 세계관, 인생관, 진리관, 가치관이 다 바뀝니다. 결국 자발적으로 죽기까지 헌신하며 모두 다 순교자가 됩니다.

부활 사건! 그것을 믿음으로 이렇게 됩니다. 당연합니다. 그래서 성경은 모든 그리스도인을 '새 사람', '거듭났다'라고 말합니다. 거듭난 사람도 비록 죄와 허물을 계속 반복할 수밖에 없지만, 소원이 달라집니다. 소망이 달라지고 기도가 달라집니다. 고백도 달라집니다. 정말 부활을 믿습니다. 새 사람이 됩니다. 이것은 인간의 노력과 열심으로 되는 것이 아닙니다. 아무리 성경 공부를 하고, 책을 많이 읽고, 선행을 많이 해도 그것으로는 거듭나지 못합니다. 하나님의 은혜로만 사건을 믿게 됩니다. 그 믿음 속에서 인격적 생각에 이끌리어 영적 세계를 보게 됩니다. 그리고 그 메시지를 나의 사건으로 받아들이게 됩니다. 예수님의 십자가를 보십시오. 예수님도 부활을 믿지 않으셨다면, 부활의 확신이 없으셨다면 십자가를 못 지셨을 것입니다. 안 지셨을 것입니다. 아마 다른 방법을 취하셨을 것입니다. 그래서 피땀 흘려 겟세마네 동산에서 기도하십니다. "내 뜻대로 마옵시고 아버지의 뜻대로 하옵소서."

성경은 이 사건을 이렇게 해석합니다. '눈앞에 즐거움을 보시고, 부활의 영광을 보시고, 부활의 아침을 보시고, 부활의 그 사건을 확신하시기에 기꺼이 십자가를 지셨다.' 우리 모두도 마찬가지입니다. 이것은 지식의 문제가 아닙니다. 내 인격의 문제가 아닙니다. 예수의 부활! 이것을 믿느냐, 안 믿느냐의 문제입니다. 거기서 새로운 힘과 지혜와 능력을 얻게 됩니다.

요즘 보면, 크리스마스 때가 되면 불교계에서 예수님의 성탄을 축하합니다. 그리고 대대적으로 홍보도 합니다. 저는 그때마다 이런 생각을 합니다. '얼마나 기독교를 얕보았으면 이러는가? 얼마나 기독교에 권세가 없으면 이러는가? 도대체 기독교의 선포, 설교를 어떻게 들었기에 저렇게 얘기할 수 있는가?' 단지 가르침이면 그 말이 맞을 수도 있습니다. '부처님도 훌륭하고, 예수님도 훌륭하고, 다 훌륭하다.' 이렇게요. 그런데 저들은 예수님의 부활은 안 믿습니다. 그렇기에 부활을 축하할 수 없습니다. 정말 이것이 사건이라면 당장 그들의 신을 버리고 예수님께 와서 회개하고 매달리지 않겠습니까? 가르침과 인생이 훌륭하고 능력이 있는 그런 문제가 아닙니다. 예수께서 부활하셨다는 것은 하나님이 아니면 하실 수 없는 일입니다.

구원받은 성도 - 예수님의 부활을 먼저 생각함

성도 여러분, 구원받은 그리스도인은 예수님의 부활을 믿음으로, 그 사건을 믿음으로 하나님의 자녀 된 사람입니다. 그래서 항상 예수님의 부활을 먼저 생각합니다. 예수님의 부활 사건에 집중합니다. 그 속에서 성령을 통하여 하나님의 뜻을 분별하고 하나님의 지혜를 얻어나갑니다. 그렇지 못하면 다 실패합니다. 진정한 그리스도인의 변화는 예수 부활의 사건으로부터 이어집니다. 예수님의 부활, 그 사건에 깊이 집중하고 묵상하면 항상 우리에게 들려오는 메시지가 있습니다. '성경에 기록된 모든 말씀과 사건이 참으로 진실이다. 사건이다. 옳도다.' 이것을 깨닫게 됩니다.

예수님을 믿지 않을 때는 모호했습니다. 예수 믿고 교회 생활을 하면서도 자신이 원하는 것만 보았습니다. 듣고 싶은 것만 들었고, 믿고 싶은 것만 믿었습니다. 성경 전체가 하나님의 말씀으로 받아들여지지 않았습니다. 불확실성이 있고, 회의가 있고, 의심이 있습니다. 그런데 예수 부활, 그 사건에 집중할 때에는 다 사라지게 됩니다. 의심도 불신도 없어집니다. 모두가 믿어집니다. 거기로부터 하나님을 참으로 바르게 고백하게 됩니다.

먼저 창조주 하나님, 오직 한 분이신 여호와 하나님, 그분의 역사, 그분의 심판, 그분의 사랑, 긍휼, 그 모든 것을 그대로 믿게 됩니다. 그것이 사실이라는 것을 증명해 줍니다. 그래서 이 세상에 다른 신이 없으며, 다 우상이라는 생각을 하고 오늘을 살게 됩니다.

또한 예수님도 그렇습니다. 정말 그분만이 구주시요 구세주이십니다. 많은 종교 창시자가 있어 구원을 말합니다. 그들이 하는 말이 전에는 모호했는데, 이제는 부활의 확신 속에 거짓임을 깨닫게 됩니다. 또한 예수 부활로 성령의 존재와 역사를 알게 됩니다. 전에는 눈에 보이는 것에 끌려갔습니다. '아, 그런 것이 있을 것도 같고, 아닌 것도 같고. 내가 심리적으로 고백해야, 예스라고 해야 크리스천 같고' 이랬지만, 이제는 아닙니다. 사탄의 역사가 있고, 성령이 계심을 확실히 알게 됩니다. 부활 사건이 그것을 내게 증명해 줍니다. 이제는 보이지 않는 것을 소망하게 되고, 보이는 것은 잠깐 지나간다는 것임을 알게 됩니다.

구원받은 성도 – 새로운 인생관

이처럼 성경 외에 나타난 모든 종교, 모든 가르침, 모든 일에 대해서 분명하게 '이건 아니구나! 이건 나를 현혹하는 거구나! 이건 거짓이구나!' 생각하고 고백하게 됩니다. 한마디로 완전히 나를 뒤집는 것입니다. 예수 부활 이전에 좋았던 것이든, 나빴던 것이든 뭐든 간에 다 뒤집어버립니다. 새로운 진리관, 새로운 역사관, 새로운 세계관, 새로운 가치관, 새로운 인생관을 갖고 살아가게 됩니다. 모든 것이 변화됩니다.

성도 여러분, 사도 바울을 항상 생각해 보십시오. 사도 바울은 아주 극적인 인물입니다. 그는 신약성경에서 가장 많이 나타나는 인물입니다. 왜냐하면 하나님께서 쓰시는 대표적인 인물이기 때문에 그렇습니다. 그는 뛰어난 학자요, 하나님을 믿는 사람이었지만, 사실 하나님을 잘못 믿었습니다. 하나님의 뜻을 분별치 못하고 열심만 있었습니다. 한마디로 종교적 삶을 살았습니다. 그러던 어느 날, 부활하신 예수님을 만났습니다. 성경은 그렇게 기록합니다. 무슨 가르침을 받은 것도 아닙니다. 단 한 번의 사건을 만나고 그 사건에 집중하게 됩니다. 성령께서 예수 부활, 부활하신 예수님을 만난 사건에 집중하게 인도하십니다. 그리고 모든 것이 뒤바뀝니다. 모든 것이 새로워집니다. 그는 고백합니다. '예수 믿기 전에 내게 유익했던 것들, 곧 지식, 재산, 권세, 명예 들을 다 배설물로 여깁니다.' 이제 이것들은 예수님을 믿기에 오히려 해로운 것이 되어버립니다. 그리고 새로운 세계관, 새로운 믿음으로 살아갑니다.

말씀 성취의 증거로서의 부활 사건

부활 사건은 하나님의 말씀이 그 말씀 그대로 성취될 것을 내게 증거해 줍니다. 나와 상관없는 듯이 여겨졌던 예수님의 십자가가 믿어지고 고백됩니다. 이것이 바로 부활 사건이 우리에게 주시는 지혜요, 능력입니다. 더욱이 천국과 지옥도 전에는 애매했습니다. 믿기는 하지만, 믿지 않는 사람들에게는 말하기가 부끄럽습니다. 그런데 예수 부활에 집중해 보십시오. 그냥 나오게 됩니다. 구원받은 그리스도인은 천국에서 영생을 누리며, 예수님과 같이 변화된 몸으로 하나님과 함께 살아갑니다.

그런데 구원받지 못한 사람은, 예수님을 구주로 영접하지 못한 사람은 이 세상에서 아무리 성공인, 유명인, 존경받는 사람이 되었다 하더라도, 죄송하지만 지옥에 갈 것입니다. 이것이 하나님의 말씀입니다. 예수 부활은 바로 그것을 증명해 줍니다. 더욱이 예수님의 부활은 무엇보다도 나와 직접적 관계가 있습니다. 이제부터 나의 부활에 대해 확신하게 됩니다. 이제는 불확실성이 없어집니다. 우리가 예수님처럼 부활할 것을 믿습니다. 그래서 그리스도인의 소망 고백인 사도신경 마지막에 나타납니다.

'몸이 다시 사는 것과 영원히 사는 것을 믿습니다.'

성도 여러분, 이 부활 신앙을 눈으로 보이는 사건으로 만들고자 하는 곳이 에덴낙원입니다. 그 이상도 그 이하도 아닙니다. 부활의 공동체로 이것은 선언되어야 합니다. '예수님께서 부활하셨다. 나도 부활할 것이다.'

사람을 변화시키는 부활 신앙

세계적인 신학자이며 순교자인 디트리히 본회퍼의 유명한 마지막 일화를 다시 한번 생각해 보시기 바랍니다. 그는 미국에 있다가 본국의 전쟁 소식을 듣고 마지막에는 독일로 돌아옵니다. 그리고 나치에 저항하다 체포되어 수용됩니다. 그리고 종전 몇 주를 남기고 사형선고를 받습니다. 그가 사형을 기다리고 있을 때입니다. 1945년 4월 8일, 주일이었습니다. 보통 때처럼 그는 목회자로 수감자들을 위해서 예배를 인도하고 기도를 했는데, 끝날 무렵에 간수 두 명이 들어와서 말합니다. "죄수 본회퍼, 따라 나와!" 다들 이 뜻을 알았습니다. 사형집행을 뜻하는 것이었습니다. 그는 서둘러 마지막 인사를 합니다. 그들 중에 살아남은 사람이 이 마지막 본회퍼의 인사말을 기억해 두었다가 우리에게 알려주었습니다. "이제 마지막이겠지. 하지만 나에게는 이게 삶의 시작이라네."

다음 날 아침, 그는 처형되었습니다. 히틀러 친위대에 있던 한 의사가 이 모습을 보았습니다. 그리고 고백합니다. "그는 참으로 용감했다. 차분했다. 떨지 않았다. 오히려 담대했다. 그리고 경건했다. 그리고 그는 이렇게 말했다. '이제 마지막이겠지. 하지만 이게 삶의 시작이라네.'"

성도 여러분, 부활 신앙은 사람을 변화시킵니다. 나를 변화시키는 힘이, 지혜가 부활 신앙입니다. 왜냐하면 예수님의 부활, 그 사건 자체가 능력이기 때문입니다. 그 사건을 믿음으로 사건 속에서 하나님의 말씀을 듣고, 약속을 소망하고, 하나님의 사람으로 우리는 변해갑니다.

더 이상 부활 신앙 속에서는 죽음을 두려워하지 않습니다. 죽지 않으려고, 늙지 않으려고 애쓰지도 않습니다. 오히려 죽음을 소망합니다. 밝은 천국, 그날을 바라보며 기뻐하고 오늘을 살아갑니다. 세상을 두려워하지도 않습니다. 더 이상 세상에 소망을 두지 않습니다. 세상에 매이지도 않습니다. 왜 그럴까요? 그래 봐야 거기서 거기이고, 항상 그 속에서 맴돌기 때문입니다. 하지만 이제는 부활의 확신이 있으므로 세상을 넘어 초연한 태도로 세상을 대합니다. 이것이 승리의 삶입니다.

또한 나 자신을 이깁니다. 변덕스럽고 죄 중에 살며 타협할 수밖에 없지만, 부활 신앙의 확신 속에서는 죄 사함의 확신을 갖고 새로운 세계를 바라봅니다. 더 이상 썩어질 것에 매이지도 않고 물질적인 세계를 소망하지 않습니다. 오직 하나님의 은총, 분복을 누리며 하나님의 뜻에 순종합니다.

초대교회의 메시지는 오직 예수님의 십자가와 부활이었습니다. 그 사건만을 선포하고 증거했습니다. 그 가운데 성령께서 역사하시어 예수 부활 사건 속에서 하나님의 말씀을 들었습니다. 지금도 하나님의 교회는 예수님의 십자가와 부활을 집중적으로 선포하고 증거합니다. 오늘도 하나님의 사람은 하나님의 이 구속적 계획과 섭리 속에 믿음으로 예수 부활, 예수님의 부활 사건에 집중하며 오늘을 살아갑니다. 그 속에서 나의 부활을 확신하며 영 주도적인 삶을 살아가게 됩니다.

성도 여러분, 예수님께서 부활하셨습니다. 저도 여러분도 하나님의 은혜로 말미암아 믿음으로 예수님과 같이 예수 그리스도 안에서 부활할 것입니다.

🕯 기도

전지전능하신 하나님 아버지, 어둠 속에서 세상의 시작과 끝을, 인생의 시작과 끝을 알지 못한 채 속고 살며, 맹목적인 인생을 살아가는 저희를 빛 되신 예수 그리스도를 보내시어 그 은혜 가운데에 믿음으로 하나님의 자녀 되게 하시고, 부활 소망의 확신 속에 오늘을 살게 하심을 감사드립니다. 비록 나약하고, 불확실 속에 때로는 세상 풍조에 휩쓸리어 예수 부활의 사건을 망각하고, 소홀히 여기는 삶을 살아가지만, 성령이시여, 우리를 깨우시고, 예수 그리스도께 인도하시어 예수 부활 사건의 증인으로 살아 부활 신앙으로 승리하는 새 마음과 새 영을 날마다 허락받는 은혜 충만한 삶을 살도록 함께하여 주시옵소서. 우리 주 예수 그리스도의 이름으로 간절히 기도드리옵나이다. 아멘.

04

하나님 나라의 신비

예수께서 전파하신

하나님의 나라

04

하나님 나라의 신비

:
:

바리새인들이 하나님의 나라가 어느 때에 임하나이까 묻거늘 예수께서 대답하여 이르시되 하나님의 나라는 볼 수 있게 임하는 것이 아니요 또 여기 있다 저기 있다고도 못하리니 하나님의 나라는 너희 안에 있느니라 _ **누가복음 17:20-21**

선교사였던 아버지의 뒤를 이어 20년 동안 인도에서 헌신한 선교사 존 시먼즈(John T. Seamands) 목사님의 체험담입니다. 주일날 아침, 한 인도 사람이 선교사님께 와서 물었습니다. "나는 당신을 도저히 이해할 수가 없습니다. 이 인도에는 많은 종교가 있고, 인도는 또한 종교의 발상지이며 굉장히 종교적인 나라인데, 왜 당신은 또 하나의 종교를 전해서 혼돈만을 가중시키는 것입니까?"

이 질문에 선교사님은 잠시 기도한 후에 이렇게 명확하게 대답했습니다. "나는 종교에 관심이 없습니다. 나는 복음에만 관심이 있습니다. 이 둘 사이는 엄청난 큰 차이가 있습니다. 종교는 인간이 만든 것이고, 복음은 하나님이 주신 것입니다. 종교는 하나님을 위해서 인간이 하는 것이고, 복음은 인간을 위해서 하나님이 해놓으신 것입니다. 종교는 하나님에 대한 인간의 추구이지만, 복음은 인간에 대한 하나님의 추구입니다. 종교에는 좋은 권면의 말씀이 많이 있지만, 복음은 영광스러운 선포입니다. 종교는 인간을 받아들이나 변화시키지 못하지만, 복음은 인간을 그대로 받아들여서 변화를 시킵니다. 종교는 가끔 속임수가 되지만, 복음은 모든 믿는 자를 항상 구원에 이르게 하는 하나님의 능력입니다. 세상에 많은 종교가 있지만, 복음은 하나뿐입니다.” 깊이 생각해 보시기 바랍니다.

예수님이 전파하신 복음, 하나님 나라

성도 여러분, 기독교의 복음은 인류를 위한 하나님의 역사입니다. 복음은 하나님의 지혜요, 하나님의 계획이요, 하나님의 능력이요, 하나님의 은혜요, 하나님의 선물입니다. 이것은 인간에 의해서 만들어진 종교가 아닙니다. 또한 세상으로부터 나온 종교가 아닙니다. 기독교의 복음이 다른 종교와 무엇이 다른지를 명확하게 인식하며 오늘을 살아가야 합니다. 복음에 대한 잘못된 이해나 왜곡은 참으로 불행하고 비극적인 일입니다.

그 대표적인 사건이 성경에 나타난 유대인들입니다. 유대인들은 성경을 연구했고 하나님을 찬양했습니다. 하나님의 나라의 백성이라고 스스로 믿었고, 선민의식을 가졌습니다. 그들은 자신들이 구원받은 자녀라고 생각했습니다. 하지만 정작 복음에 대한 이해가 잘못됐습니다. 그래서 예수님을 핍박하고 십자가에 죽였습니다. 얼마나 비극적인 일입니까? 이런 일들이 오늘의 역사 속에 계속 반복됩니다.

예수님이 전파하신 복음은 오직 하나의 복음이었습니다. 그것은 하나님 나라입니다. 그리스도인은 그대로 믿음으로 받아들이고 생각해야 합니다. 하나님 나라는 인간의 소원을 이루고자 하는 것도 아니요, 자아성취를 이루는 것이 아닙니다. 세상을 개혁하고 개선하여 유토피아를 이루자는 것이 아닙니다. 하나님 나라는 인간의 열심과 노력, 헌신으로 만들어지는 그런 것이 아닙니다. 이것은 하나님의 역사입니다.

이처럼 명백히 성경이 말씀하고 있음에도 하나님의 나라가 계속 왜곡되고 잘못 이해되고 있습니다. 이것이 역사 안에 있는 가장 큰 비극입니다. 역사와 인류, 세상에 대한 모든 해결책을 주신 하나님의 복음, 즉 하나님 나라를 잘못 이해하니까 참으로 암담할 뿐입니다. 이런 가운데 기독교는 전체적으로 정체성을 잃어 갔고, 교회는 쇠퇴하며 그리스도인의 삶은 불신자들과 다르지 않게 되었습니다.

이런 재미있는 이야기가 있습니다. 노년에 한 부부가 큰 자동차 사고로 죽었습니다. 그리고 천국에 갔는데, 베드로 사도가 맞아주어 너무나 고마웠습니다. 이어서 천사가 천국을 잠깐 보여준 다음, 새로 거주할 집까지 인도해 주었습니다. 그래서 '정말 천당이구나! 천국이구나!' 하고 너무나 기뻤습니다. 그때 남편이 아내에게 볼멘소리로 이렇게 화를 내며 말했답니다. "당신이 나한테 온갖 건강식품만 먹이지 않았어도 내가 진작에 여기 왔을 텐데, 이제야 이렇게 늦게 오다니!"

성도 여러분, 여러분은 하나님 나라에 대한 이해를 바르게 갖고 살아가십니까?

하나님 나라에 대한 왜곡과 오해

오늘 성경 말씀에는 하나님 나라에 대한 왜곡과 오해가 무엇인지 기록되어 있습니다. 동시에 하나님 나라가 어디에 임하였는지를 예수님께서 명확하게 계시하신 말씀이 기록되어 있습니다. 이 사건은 역사 안에 계속 반복됩니다. 이런 오해와 왜곡이 계속 교회 안에 그리고 내 안에 나타납니다.

성경에 바리새인들이 등장하는데, 이들은 성경을 연구하고 가르치는 사람들입니다. 하나님 나라에 대한 이해가 누구보다 더 많았던 사람들입니다. 그들이 예수님께 이렇게 질문합니다. "하나님의 나라가 어느 때 임하나이까?" 이 질문의 의미는 이것입니다. '하나님 나라가 어디에 임하는 것입니까? 하나님 나라가 어떻게 우리에게 오는 것입니까?' 당시의 상황으로 돌아가보면 예수님은 처음부터 끝까지, 공생애 출발부터 하나님 나라를 전하셨습니다. 하나님의 나라는 천국, 그리고 영생과 동의어입니다. 말씀을 듣는 대상에 따라서 예수님께서 다른 용어로 설명하셨습니다.

바리새인들은 예수님이 전하신 이 하나님 나라를 수없이 들었습니다. 왜냐하면 항상 이 말씀을 하셨기 때문입니다. 그렇게 직접적 또는 간접적인 소문으로 계속 이 말씀을 들었습니다. 그런데 들어보고는 뭔가 이상한 점을 발견합니다. 자신들이 생각한 하나님 나라와 다른 것입니다. 정확히 말하면 자신들이 잘못 알고 있는데, 그것을 알지 못하고 오히려 예수님을 향해서 따지듯이 묻습니다. '하나님 나라가 언제 임하나이까?'

예수님은 현재적인 하나님 나라를 선포하셨습니다. '현재 하나님 나라가 여기에 왔다'(The kingdom of God has come near). 현재완료입니다. '현재 여기에 왔다. 임하였다.' 그런데 유대인들은 이것이 도대체 이해가 안 갔습니다. 왜냐하면 성경에서 보면 그들은 메시아를 기다렸습니다. 메시아 대망 사상이 그들의 신앙이었습니다. '하나님께서 하나님의 아들을 이 땅에 보내실 것이다. 메시아가 오실 것이다.' 이것이 그들의 소망이요, 믿음이었기 때문입니다.

이스라엘 민족인 유대인들, 그리고 그중에서도 특별히 바리새인들은 이것을 가르쳤습니다. 바리새인들이 기다렸던 메시아는 정치적인 메시아였습니다. 그들은 영적이면서 동시에 정치적 권력을 가진 메시아를 기다렸습니다. 그러다 보니 하나님 나라를 잘못 이해했습니다. 당시 이스라엘은 로마의 식민지였습니다. 그러니 정치적인 해방이 최대의 관심사였습니다. 그리고 번영해야 했습니다. 하나님의 나라이므로, 이 나라가 세계를 지배하는 권력을 갖고 또 정치적 영향력을 가져야 한다고 생각했습니다. '이제 메시아가 와서 이렇게 할 것이다.' 민족적으로 이런 생각으로 신앙생활을 했습니다. 그러니 정작 메시아가 나타나셔도, 예수님이 오셔도 그 예수님의 말씀이 들리지를 않았습니다.

사람은 자기가 듣고 싶은 것만 듣고, 자기가 좋아하는 말만 듣게 되어 있습니다. 오늘도 그렇습니다. "예수님! 예수님!" 하면서 예수님 말씀 그대로를 받아들이는 것이 아니라, 자꾸 가감해서 받아들입니다. 이 세상을 유토피아로 만드는 것으로 생각합니다. 내 소원을 들어주시는 예수님, 좋으신 예수님, 사랑의 예수님으로만 생각합니다.

어디서 빗나간 것입니까? 하나님 나라에 대한 메시지부터 잘못됐기 때문에 이렇듯 맹목적인 우상숭배와 같은 신앙생활을 반복합니다. 성경에서 예수님은 명백히 말씀하셨습니다. 하나님 나라는 볼 수 있는 것이 아닙니다. 이것을 항상 기억하시기 바랍니다. 눈에 보이는 사건이 아닙니다. 또한 하나님 나라는 이 세상 속에 임하는 것이 아닙니다. 권력으로, 정치적인 사건으로, 번영으로 나타나는 것이 아닙니다. 이에 대해 수없이 말씀하셨지만, 듣지를 않는 것입니다.

이 세상에 속하지 않은 하나님 나라

요한복음 6장에서 예수님은 오병이어의 이적을 나타내십니다. 엄청나게 많은 무리들이 따를 때 예수님께서 물고기 두 마리와 떡 다섯 덩이로 이적을 나타내셔서 그곳에 모인 이들을 다 먹이고 열두 광주리가 남았다고 성경은 말씀합니다. 이들은 이적을 보고 깜짝 놀랐습니다. 그래서 '이분이 정말 메시아구나! 능력을 가지셨구나!' 하고 예수님을 왕으로 추대합니다. 그리고 예수님을 따라다녔습니다. 그때 예수님께서 어떻게 하셨는지 아십니까? 산으로 피신하셨습니다. 성경에서는 산으로 기도하러 가셨다고 말씀하지만, 정확한 상황을 얘기하면 도망가셨습니다.

오늘날 같으면 사람이 모이고, 이적을 행하고 하는 것을 자랑합니다. 그러나 예수님은 그들을 피해서 도망가셨습니다. 왜냐하면 이것은 하나님 나라가 아니기 때문입니다. 그것은 하나님 나라를 왜곡합니다. 이 세상에서 하나님 나라에 대한 가장 큰 오해가 바로 여기에 있습니다. '세상을 개선하고, 세상을 개혁해서 유토피아를 만든다.' 정말 그럴듯하지 않습니까? 이런 것이 대중적 인기가 있습니다. 이런 것들에 수많은 사람들이 환호합니다. 이런 것들이 많은 인기를 끕니다. 사람들의 칭찬을 받을 수 있습니다. 하지만 성도 여러분, 속지 마십시오. 이것은 하나님 나라가 아닙니다. 하나님 나라는 눈에 보이는 것도 아니요, 세상 속에 속한 것도 아닙니다.

예수님께서 십자가를 지시기 전, 빌라도 앞에서 재판을 받으셨습니다. 요한복음 18장에 기록되어 있습니다. 빌라도가 묻습니다. "네가 왕이냐?" 예수님께서 답하십니다. "그렇다. 내가 왕이다. 그런데 내 나라는 이 세상에 속한 것이 아니니라." 아주 명백하게 말씀해 주셨는데 빌라도는 듣지 않습니다. 자꾸 눈에 보이는 세상의 사건으로 하나님 나라를 왜곡되게 이해합니다. 결국 그는 잘못된 삶을 살아갑니다.

예수님께서는 이러한 사람들을 향해 오늘도 말씀하십니다. "하나님 나라는 볼 수 있게 임하는 것이 아니니라." 눈에 보이는 것에 끌려가지 마십시오. 뭐가 될 것 같다고 속지 마십시오. 그것은 하나님의 나라도, 하나님의 역사도 아닙니다. "하나님 나라는 눈에 보이는 것이 아니니라."

하나님 나라는 현재적이며 영적인 것

그리고 또 말씀하십니다. "또한 여기 있다 저기 있다고도 못하느니라." 하나님 나라는 세상 속에 개혁과 개선의 사건으로, 정치적인 사건으로 나타나는 것이 아닙니다. 오늘도 사람들은 예수 그리스도의 이름으로 눈에 보이는 사건들을 만들며 자랑합니다. 숫자를 자랑하고 세력을 자랑합니다. 그러나 결국은 다 쇠퇴하고 망할 것입니다.

이것은 역사적인 사실입니다. 유럽을 보십시오. 온통 기독교 국가이지만, 숫자를 자랑하다가 이제는 완전히 황폐해져 오히려 선교대상국이 되고 말았습니다. 교회의 자랑은 부흥이어야 됩니다. 교회의 자랑은 거듭남이지, 눈에 보이는 것이 아닙니다. 왜 이런 일이 벌어집니까? 복음에 대한 왜곡 때문입니다. 예수님이 전하신 하나님 나라를 이해하지 못했기에, 잘못 받아들였고 또 잘못 선포했기에 그런 것입니다.

성도 여러분, 하나님 나라는 신비로운 것입니다. 왜냐하면 하나님이 역사하시는 것이기 때문입니다. 또한 하나님 나라는 영적인 것입니다. 그러면서 동시에 현재적인 것입니다. 하나님 나라는 성령의 도우심과 역사하심 없이는 이해할 수 없습니다. 그러니 세상 사람들은 아무리 지식이 많아도 알 수 없습니다. 이 것은 성령의 조명 아래에서만 인식되고 이해되며 믿어집니다. 하나님의 주권적이고 영적인 빛 아래에서만 환히 나타나고 인식되기 시작합니다. 그 외의 것에 속지 마십시오.

하나님 나라는 너희 안에 있느니라

예수님께서 명백하게 오늘 성경에서 말씀하십니다. 항상 기억하고 묵상하십시오. "하나님의 나라는 너희 안에 있느니라"(21절). 이것이 원문에 가까운 영어 성경에는 이렇게 되어 있습니다. "The kingdom of God is among you." 또 어떤 곳에는 'among you'가 'in you'라고 되어 있습니다. 이것 때문에도 신학적 논쟁이 많이 벌어집니다. '너희 가운데냐, 너희 안에서냐?' 그러나 의미상 둘 다 맞습니다. '하나님 나라는 너희 중에, 너희 가운데 있느니라.' 이것을 명백하게 예수님께서 말씀하셨습니다.

이 말씀의 의미가 무엇입니까? 이 말씀은 예수 그리스도를 뜻합니다. 지금 군중 속에, 무리 속에 예수님이 말씀하십니다. "하나님의 나라는 너희 안에 있느니라." 여기서 하나님의 나라는 예수님이십니다. 그렇기에 하나님 나라와 예수님의 관계는 절대적인 관계입니다. 예수님을 떠나서는 하나님 나라가 없습니다. 아무리 사람들이 힘을 모아도 아닙니다. 하나님의 나라는 항상 예수 그리스도 안에서 나타납니다.

그러면 이제 어떤 예수인가가 중요해집니다. 인간 예수가 아닙니다. 목자 예수도 아닙니다. CEO 예수도 아니고, 정치적 왕인 예수도 아닙니다. 우리가 따라갈 위대한 스승이나 종교 창시자도 아닙니다. 그러면 어떤 예수님입니까? 예수님 말씀 그대로 성육신하신 하나님이신 예수님을 보고 믿어야 하나님 나라가 임했음을 알게 됩니다. 이 세상의 유일한 구세주요, 구주이신 예수님을 믿어야 하나님 나라가 임함을 알 수 있습니다. 그리고 다른 모든 것이 잘못됐고 헛것임을 알아야 하나님 나라가 임함을 알 수 있습니다. 십자가에 죽으셨고 부활하셔서 하나님 우편에 앉아 계시며 오늘도 살아 계신 예수님을 믿어야 하나님 나라가 임함을 알 수 있습니다. 우리를 위하여 오늘도 간구하시고 또 심판주로 재림하실 예수님, 그분과 함께 하나님 나라가 나타납니다. 그 예수님을 믿어야 하나님 나라를 알 수 있고 영접할 수 있습니다.

거듭남의 역사와 하나님 나라

미국에 유명한 존스 홉킨스대학이라고 있습니다. 이 대학의 창설자인 하워드 켈리(Howard A. Kelly) 박사는 유명한 외과 의사이며 신앙인으로서 전도에 힘쓴 분입니다. 그는 좀 특이한 방법으로 전도를 하는데, 항상 장미꽃 한 송이를 양복 윗주머니에 꽂고 다녔습니다. 그런데 이 장미꽃이 방금 꺾은 것처럼 항상 싱싱했습니다.

사람들이 의아해하던 차에 한 학생이 그 이유를 물었습니다. "교수님, 어떻게 교수님의 장미꽃은 항상 싱싱하고 아름답습니까? 그 비결이 뭡니까?" 그랬더니 그는 별것 아니라면서 자신의 양복 안을 보여주었습니다. 그 안을 보니 물이 담긴 조그만 꽃병이 있었습니다. 바로 거기에 장미꽃을 꽂은 것입니다. 그러니 항상 싱싱할 수밖에요.

켈리 박사는 이렇게 이야기했습니다. "우리가 이 세상에 살면서 언제나 신선하고 아름다운 향기를 발하는 그리스도인이 되려면 우리의 삶의 뿌리가 이 장미꽃과 같이 그리스도의 생수속에 늘 담겨 있어야 합니다."

예수님이 스스로 계시하신 하나님이신 예수님을 그분 그대로 믿어야, 그리고 예수 그리스도 안에 연합해야 하나님 나라가 나타남을, 하나님이 역사하심을 깨닫고 받아들이게 됩니다. 그 외에는 하나님 나라를 알 수가 없습니다. 그래서 예수님께서 말씀하십니다. "하나님 나라는 너희 안에 있느니라."

동시에 하나님 나라는 예수 그리스도 안에 있는 거듭남 속에 나타납니다. 거듭남의 역사는 신비로운 영적 출생입니다. 영생이 우리에게 주어집니다. 그러니 그 영생의 빛을 좇아 하나님 나라를 인식하고 이해하게 됩니다. 예수님께서는 이렇게 말씀하셨습니다. "거듭나지 않으면 천국에 가지 못하느니라." 아무리 교회 오래 다니고 봉사해도, 목회자요 선교사일지라도 거듭나지 않으면 천국에 못 갑니다. 다른 길은 없습니다. 불신자의 마음에 하나님 나라가 있는 게 아니라, 거듭난 자의 새 마음에, 영생의 마음에 하나님 나라가 나타납니다. 그래서 거듭난 하나님의 사람들은 오직 하나님 나라를 먼저 구합니다. '오직 천국!' 여기에 감사하고 기뻐함으로 이 천국 진리 안에서 살아갑니다. 그래서 예수님께서 말씀하십니다. "하나님 나라는 너희 안에 있느니라."

그리스도의 몸 된 교회 안에 있는 하나님 나라

또한 하나님 나라는 그리스도의 몸 된 교회 안에 있습니다.

이 교회는 지상의 불완전한 하나님 나라입니다. 교회의 교회 됨은 그리스도의 몸이 되는 것입니다. 성경은 명백하게 그렇게 말씀합니다. 예수님이 머리 되시고 우리는 몸입니다. 눈에 보이는 건물을 말하는 것도 아니요, 십자가를 상징으로 하는 종교단체를 말하는 것도 아닙니다. 하나님 나라가 선포되지 않고 복음은 왜곡되게 증거되었는데, 어떻게 그런 곳이 예수님의 몸 된 교회가 될 수 있겠습니까? 아무리 "주여! 주여!" 해봐야 성경 말씀대로 하나님께서는 모른다고 하십니다.

그럼 어떤 교회여야 합니까? 말 그대로 예수님께 순종하는 교회여야 합니다. 복잡하게 생각하지 마십시오. 그리스도의 몸 된 교회이니 예수님이 머리이십니다. 예수님께 순종하는 교회에 하나님 나라가 나타납니다. 진정한 교회는 예수 그리스도 안에서 함께 지어져 가는 교회입니다. 하나님 나라가 인식되고 나타남에 아멘으로 응답합니다. 이해가 되지 않아도 하나님의 말씀이므로 믿어지는 마음에서부터 하나님 나라가 시작되고 체험하게 됩니다. 아무리 많은 사람들이 열심을 내어도 예수님께 불순종한다면 그것이 어떻게 참 교회가 되겠습니까? 어떻게 거기에 하나님 나라가 임하겠습니까?

성경은 분명히 말씀합니다. "하나님의 진노가 죄와 악을 향해 이 세상에 나타났다." 성경에서 말씀하면 그대로 "아멘!" 하고 믿어야 합니다. 만일 하나님의 진노가 심판으로 임하지 않았다면 구원은 받아서 뭐합니까? 이 말씀을 믿지 못하기에 구원의 감격과 진실성도, 구원의 중요성과 절박함도 모릅니다. 하나님의 진노가 임했다고 하시며, 그래서 구원이 필요하다고 하나님께서 말씀하십니다. 그런데 그것을 의심하면서 사랑의 하나님이시니 그러실 리 없다고 한다면 아무 의미 없는 것입니다. 그러니 평생 신앙생활을 해도 하나님 나라도 모르고, 그 중요성도 모르는 것입니다.

'하나님의 진노가 임했다.' 그대로 믿으십시오. 그때 하나님 나라가 임함을 경험합니다. '오직 예수 그리스도를 통해서 구원받는다.' 그대로 믿어야 합니다. 타 종교에는 구원이 없습니다. 여기서 의심하고 회의에 들면 하나님 나라를 체험할 수 없습니다. 그대로 말씀에 순종할 때, "아멘!" 할 때 하나님 나라를 인식하게 됩니다. '천국과 지옥이 있다.' 그대로 믿어야지 '있을까, 없을까?' 하면서 어떻게 하나님 나라를 경험할 수 있겠습니까? 예수님께 전적으로 순종할 때 하나님 나라를 알게 됩니다. 최후의 심판과 거듭남의 역사가 있고, 하나님의 은혜와 사랑과 능력이 나타남을 그대로 믿을 때 성령 안에서 하나님 나라를 이해하게 됩니다. 기쁨으로 체험하게 됩니다.

이미 시작된 하나님 나라와 순종의 삶

예수님이 선포하시는 하나님 나라, 이것은 하나님의 말씀이요, 하나님의 역사입니다. 이것은 이미 시작되었습니다. 그리고 예수님이 다시 오실 그날 완성된 하나님 나라를 만나게 됩니다. 이것을 그대로 믿어야 하나님 나라를 이해합니다. 이것은 신비로운 것입니다. 사람이 만든 것이 아니기 때문입니다. 하나님의 역사이기 때문입니다. 아무리 높은 인간적인 경험과 지식이 있어도 받아들일 수 없습니다. 아무리 성경을 읽어도 바리새인처럼 제대로 믿지 못합니다. 예수님이 내 마음에 계셔야 합니다. 내 안에 사셔야 합니다. 성령께서 역사해 주셔야만 믿어집니다. 오직 그 믿음 속에서 하나님 나라는 이해되고 인식되며 분별되고 체험됩니다. 성도 여러분, 여러분은 하나님 나라를 바르게 이해하고 고백하며 경험하는 중에 증거하면서 오늘을 살아가십니까?

17세기에 활동하던 위대한 설교가인 리처드 백스터(Richard Baxter) 목사님은 저에게 개인적으로 굉장히 큰 영향을 끼친 아주 위대한 하나님의 사람입니다. 그런데 이분은 청교도 신앙 때문에, 오직 복음을 전하다가 당시 정부로부터 많은 핍박을 받았습니다. 심지어는 설교하지 말라는 금지명령까지 받습니다. 그러다가 결국 감옥에도 갇히게 됩니다. 그리고 노년에 폐결핵에 걸려서 건강마저도 잃게 되는데, 이런 어려운 상황에서도 그분은 신앙을 잃지 않았습니다. 그분의 신앙고백을 들어보십시오. "주님, 내가 죽든지 살든지 그것을 내가 염려할 바가 아닙니다. 주님을 사랑하고 섬기는 것이 내가 할 몫입니다. 그것이 내게 베푸신 하나님의 은혜입니다. 만약 조금 더 오래 살 수 있다면 더 기쁩니다. 왜냐하면 더 오랫동안 순종할 수 있기 때문입니다. 만약 짧게 살더라도 내가 기뻐해야 할 이유는 영원한 곳, 천국으로 가기 때문입니다."

하나님 나라에 대한 분명한 이해와 믿음은 그 사람을 바꿉니다. 자신이 누구인지 정체성의 확신을 갖게 합니다. 소망과 소원과 기도가 바뀝니다. 인생의 목적이 바뀝니다. 하나님 나라의 지혜와 능력이 임하였기 때문입니다. 오직 예수 그리스도께 순종하는 그 사람에게 하나님 나라가 나타납니다. 하나님의 나라가 임하였음을 알게 됩니다. 바르게 이해합니다. 고백하고 찬양합니다. 이 크신 선물을 주신 하나님께 헌신합니다. 그리고 세상에 나가 하나님 나라의 증인으로 살게 됩니다.

🕯 기도

전지전능하신 하나님 아버지, 이처럼 우리를 사랑하셔서서 예수 그리스도 안에서 하나님 나라 복음이 선포되고, 그 복음을 믿게 하심을 진심으로 감사드립니다. 진실로 하나님 나라는 임하였고, 우리 안에 있음에도 불구하고 잘못된 하나님 나라의 이해로 정체성을 잃어버리고, 또다시 세상에서 방황하는 죄인을 불쌍히 여겨주시옵소서. 주께서 '하나님 나라는 여기에 있느니라!' 하고 말씀하신 그대로 믿음으로써 하나님 나라의 신비를 체험하고, 하나님 나라의 진리에 따라가 하나님께 영광 돌리는 승리의 삶을 살아갈 수 있도록 이 교회와 주의 백성에게 복을 내려주시옵소서. 우리 주 예수 그리스도의 이름으로 간절히 기도드리옵나이다. 아멘.

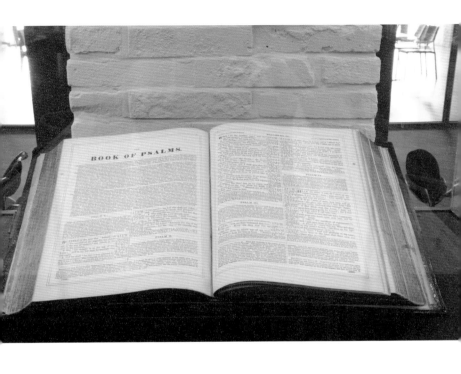

05

하나님의 성령 안에서

예수께서 전파하신
하나님의 나라

05

하나님의 성령 안에서

:

불의한 자가 하나님의 나라를 유업으로 받지 못할 줄을 알지 못하느냐 미혹을 받지 말라 음행하는 자나 우상 숭배하는 자나 간음하는 자나 탐색하는 자나 남색하는 자나 도적이나 탐욕을 부리는 자나 술 취하는 자나 모욕하는 자나 속여 빼앗는 자들은 하나님의 나라를 유업으로 받지 못하리라 너희 중에 이와 같은 자들이 있더니 주 예수 그리스도의 이름과 우리 하나님의 성령 안에서 씻음과 거룩함과 의롭다 하심을 받았느니라 _ 고린도전서 6:9-11

저명한 복음주의 신학자인 제임스 패커 박사의 『하나님께 진지하라』(*Taking God Seriously*)라는 책이 있습니다. 이 책에서 성령이 그리스도인을 향해 역사하시는 모든 사역의 핵심은 예수 그리스도를 부각시켜 그분께 찬송을 돌리는 일이라고 정의합니다. 그러면서 성령의 역사를 성경적으로 다음과 같이 설명합니다. 첫째, 성령은 하나님에 대한 진리를 가르치십니다. 둘째, 성령은 우리의 마음을 새롭게 하십니다. 셋째, 성령은 우리의 삶을 변화시키십니다. 넷째, 성령은 우리의 성품이 그리스도를 닮아가게 하십니다.

성도 여러분, 나는 얼마나 성령의 존재와 능력과 역사를 믿고 신뢰하며 오늘을 살아가고 있습니까? 나는 정말 성령의 사람입니까? 정말 내 안에 거하시는 성령 하나님을 인식하고 기뻐하며 그분께 순종하면서 오늘을 살아가고 있습니까? 나는 정말 성령의 역사가 없이는 하나님의 자녀가 될 수도 없고, 하나님의 자녀답게 살 수 없음을 확실히 알며 살아가고 있습니까? 정말 성령의 역사가 없이는 하나님 나라에 들어갈 수 없음을 분명히 깨닫고 고백하고 있습니까?

성령의 인도함이 없으면

성경은 명백하게 여기에 대한 답을 주고 있습니다. 로마서 8장 9절은 선언합니다. "누구든지 그리스도의 영이 없으면 그리스도의 사람이 아니라." 아무리 교회를 다니고 봉사를 하며 선행을 해도, 또 사람들에게서 칭찬을 받고 선교를 하며 목회자가 되어도 성령이 없으면 아무것도 아닙니다. 단지 종교인일 뿐입니다.

또 로마서 8장 14절은 말씀합니다. "하나님의 영으로 인도함을 받는 사람은 곧 하나님의 아들이라." 성령의 인도하심이 없으면 하나님의 자녀도 될 수도 없고 자녀답게 살지도 못합니다.

현재 그렇고, 항상 그렇습니다. '나는 구원받았다, 하나님의 아들이다.' 이렇게 말은 하지만 성령을 믿지 않고 그 인도하심을 받지 못한다면, 그리고 인식하지 못한다면 그것은 한갓 자기주장일 뿐입니다. 아무 의미가 없습니다.

요한복음 3장 5절은 말씀합니다. "성령으로 나지 아니하면 하나님의 나라에 들어갈 수 없느니라." 거듭남은 오늘의 사건입니다. 성령의 역사 없이는 거듭날 수 없을 뿐만 아니라, 성령의 역사가 없으면 분명 하나님 나라에 들어갈 수 없습니다. 예수님께서 명백히 말씀하셨고 성경은 그것을 기록합니다.

고대의 한 수도원에서 이런 교훈적인 이야기가 전해 내려옵니다. 한 노인 수도사가 젊은 사업가에게 말했습니다. "물고기가 마른 땅에서는 죽듯이, 자네도 세상에 뒤엉키면 파멸케 되네. 물고기는 물로 돌아가야 하고, 자네는 성령께로 돌아가야 하네. 그래야 자유로운 삶을 살 수 있네." 그러자 젊은 사업가는 아연실색하며 이렇게 대답했다고 합니다. "그럼 선생님은 제가 사업을 그만두고 수도원으로 들어가야 한다는 말씀입니까? 사업을 통해서 성취한 것들을 다 포기해야 한다는 말씀입니까?" 이 질문에 수도사는 고개를 저으며 이렇게 대답합니다. "그런 말이 아니라네. 내가 한 말은 사업은 그대로 열심히 하되 자네 마음속에 성령이 들어가야 한다는 뜻이네."

우리의 마음이 성령의 지배를 받아야 합니다. 우리의 마음이 세상의 지배를 받으면 세상 사람이 되고, 결국 거기에서 못 벗어나 세상일로 우리 마음이 가득 차게 됩니다. 그러나 성령의 지배를 받으면 하나님의 사람이 되고, 하나님의 일로 우리의 마음이 지배를 받습니다.

성령의 역사가 있어야만

성도 여러분, 하나님의 말씀인 성경책의 저자가 누구입니까? 세상 사람들은 선지자나 사도들과 같은 인간이 기록했다고 생각하지만, 그리스도인은 성령이 저자임을 믿습니다. 성경은 성령 하나님의 감동으로 선지자와 사도들을 통해서 기록되었을 뿐입니다. 그렇기에 성령의 역사가 없으면 깨달을 수 없고 해석이 되지 않습니다. 분별이 안 될 뿐만 아니라, 믿어지지 않기에 단지 추상적인 진리로 끝납니다.

성령의 역사가 있어야만 성경 안에서 하나님의 말씀을 듣고 기뻐하며 하나님을 찬양할 수 있습니다. 성령이 조명해 주셔야 합니다. 마치 어둠 속에 빛이 임한 것처럼, 성령이 우리의 영안을 뜨게 해주시고 우리의 타락한 이성을 중생시켜야 기록된 성경 속에서 내게 주시는 하나님의 말씀을 듣게 됩니다. 하나님께서 직접 내게 주시는 말씀처럼 깨달아지고 인식되며 놀라고 충격받게 됩니다. 감사하며 그 말씀 안에서 살아가게 됩니다.

오늘 본문은 말씀합니다. "불의한 자가 하나님의 나라를 유업으로 받지 못할 줄을 알지 못하느냐"(9절). 무슨 말씀입니까? 오직 의인만이 천국에 들어간다는 말씀입니다. 죄인은 천국에 못 들어갑니다. 불의한 사람은 아무리 노력해도, 세상이 아무리 그를 높이며 그에게 아무리 많은 공로가 있어도 천국에 못 들어갑니다. 오직 의인만이 천국의 유업을 받을 수 있는데, 성경은 이것을 알지 못하느냐고 말씀합니다. 하나님 나라에 들어가는 절대기준을 성경은 그 전체를 통해서 단 한마디로 말씀합니다. 바로 의의 문제입니다. 의가 있어야 합니다. 의인만이 천국에 들어갈 수 있습니다. 불의한 자는 천국에 들어가지 못합니다. 아주 간단명료한 말씀입니다.

이제 이 말씀을 믿고, 이 말씀 앞에서 생각해 보십시오. 나는 의인입니까? 이것은 중요한 문제입니다. 왜냐하면 의인이 아니면 천국에 들어가지 못하기에 스스로 다시 묻게 됩니다. 나는 정말 의인입니까? 만일 아니라면, 누구라도 죄인이고 불의한 자입니다. '의인이 아니면 천국에 못 들어간다.' 이것이 성경의 선언입니다. 이 세상은 의인과 죄인의 중간, 그 모호함을 만들어 놓았습니다. 그러나 여기에 속으면 안 됩니다. 성경은 단지 의인이냐, 아니냐를 묻고 있습니다. 의인이 아니면 불의한 자입니다. 그래서 생각할 수밖에 없고, 이 말씀을 정말 하나님의 말씀으로 믿는다면 회개할 수밖에 없습니다. 그래서 말씀이 내 안에 역사할 수밖에 없는 것입니다. 여기에 나타난 의는 '인간의 의'가 아닙니다. '하나님의 의'입니다. 그것뿐입니다.

하나님 나라의 절대기준 하나님의 의

그러면 '의'란 무엇입니까? 영어로 보면 아주 쉽게 이해됩니다. 'Righteousness', 우리말로는 '옳음'입니다. 이것이 의입니다. 그러나 문제는 사람마다 각자 다른 자기의 옳음을 갖고 있다는 것입니다. 자기 경험, 자기 지식에서 자기 옳음의 판단 기준을 갖고 있습니다. 이것이 자기 우상이라는 것이고, 자기 의라는 것입니다. 하지만 이것으로는 천국 못갑니다. 오직 하나님의 의의 기준에서 바라보아야 합니다. 나는 이만큼 선행을 했고, 이만큼 저들보다 착하고, 하는 것은 자기 옳음의 기준이며 자기 우상에 불과합니다. 이를 성경은 '자기 의'라고 말씀합니다. 이것이 깨어져야 합니다. 성경은 그것을 깨닫게 해줍니다. 그래서 말씀합니다. '불의한 자가 천국에 들어가지 못하는 걸 알지 못하느냐?'

이 말씀을 통해서 깨닫고 다시 확증하게 됩니다. 하나님의 의 앞에서는 모든 인간이 불의한 자입니다. 죄인입니다. 그래서 성경은 모든 사람이 다 죄 아래 있다고 선언합니다. 하나님만이 선하십니다. 하나님만이 의로우십니다. 오직 하나님만이 거룩하심을 선언할 수 있습니다. 하나님 나라에 들어가는 기준은 세상의 기준과 전혀 다릅니다. 사람의 의가 아닌 하나님의 의가 있어야 하나님 나라에 들어갈 수 있습니다. 성령이 우리로 이것을 깨닫게 하십니다. 거듭난 성령의 사람은 성경을 통해서 하나님의 말씀을 듣고 "아멘!"이라 응답하게 됩니다.

그래서 오늘 성경은 말씀합니다. '알지 못하느냐?' 무슨 뜻입니까? 알아야만 한다는 것입니다. 확실하게 알아야 합니다. 알지 못하면 어떻게 됩니까? 속습니다. 유혹받습니다. 오늘 성경은 거기까지 지적하고 있습니다. '알지 못하느냐? 미혹을 받지 말라!' 얼마나 귀한 말씀입니까? 무지는 우리를 속게 만들고 미혹하게 만듭니다. 항상 유혹받게 만듭니다.

우리가 예수 믿기 전, 구원받기 전을 생각해 보십시오. 그때는 정말 세상뿐인 줄 알았습니다. '하나님 나라? 그런 게 어디 있어'라며 무시했습니다. 왜 이렇게 된 것입니까? 속아서, 알지 못해서입니다. 성령이 그것을 깨우쳐주시고, 말씀이 그것을 깨우쳐줍니다. 그래서 알게 해줍니다. 미혹되어 속은 사람은 하나님도 믿지 않고, 천국과 지옥도 믿지 않습니다. 천국에 들어가는 기준에 대해서도 그저 착하면 들어갈 수 있는 것으로 생각합니다. 미혹되어 버린 것입니다.

하나님은 그렇게 말씀하신 적이 없으십니다. 하나님은 '하나님의 의'가 기준이라고 선포하십니다. 특히 성령의 존재와 역사에 대해서 예수 믿기 전에는 정말 믿지 않았습니다. 속아서, 알지 못하기에 마치 귀신처럼 오해하기도 합니다. 영적 무지로 인한 결과입니다. 심지어 그리스도인조차도 성경을 하나님의 말씀으로 생각하면서도 진심으로 믿지 않는 것 같습니다. 성경은 과거의 말씀일 뿐이지, 오늘 내게 주시는 말씀이며 미래의 약속된 말씀이라고 확증을 못하는 것 같습니다. 그렇기 때문에 성경을 읽지 않습니다. 깊이 연구하지도 않고 묵상하지도 않습니다. 이미 깨달은 말씀을 계속 반복해서 고귀한 말씀으로 영접하지 못합니다.

왜 그렇습니까? 하나님의 말씀으로 알지 못했기 때문입니다. 아직 확신이 없고 명백하게 깨닫지 못했기에 계속 미혹을 받습니다. 마태복음 7장의 산상수훈에서 예수님이 말씀하십니다. "나더러 주여 주여 하는 자마다 다 천국에 들어갈 것이 아니요"(21절). 예수님께서 참 애통해하는 마음으로 말씀하셨을 것 같습니다. "불법을 행하는 자들아 내게서 떠나가라"(23절). 이런 날이 오리라는 것입니다. '그들이 귀신도 쫓아내고, 주여 주여 하고, 선지자 노릇도 하고, 설교도 하고, 복음도 증거하고, 많은 능력도 행하고, 이적도 나타내고, 존경도 받았지만, 천국에 들어가지 못하느니라.' 왜요? 알지 못했기 때문입니다.

이런 교훈적인 이야기가 있습니다. 한 부부가 소원을 비는 우물가에 섰답니다. 그래서 아내가 먼저 우물가에 몸을 굽혀 조용히 소원을 빈 다음, 동전을 그 안에 떨어뜨렸습니다. 이어서 남편이 소원을 빌려고 몸을 굽히는데, 그만 너무 많이 굽혀서 우물 속에 빠져 죽어버렸습니다. 그때 아내가 한 말입니다. "정말 소원이 이루어지네."

성령을 통해 믿음으로 들어가는 하나님 나라

성도 여러분, 진실로 하나님은 살아 계시고 성령은 역사하십니다. 천국과 지옥은 있고 온 인류는 최후의 심판을 향해 나아갑니다. 정말로 이것을 알며 살도록 성경에 기록되었습니다. 복음의 위대함이 여기에 있습니다. 알게 해주십니다. 복음을 믿음으로 무지에서 깨어납니다. 거짓에 속은 인생에서 회개하게 만드십니다. 정말 성령이 역사하시고 예수 그리스도가 역사하시며 하나님 나라가 임하였다면, 이제 다시는 속지 않습니다. 미혹되지 않는다는 말입니다.

정말 하나님 나라에 들어가는 기준은 하나님의 의뿐임을 알고, 유혹되지 않습니다. 바로 이것이 성령의 역사입니다. 성령의 역사 없이 우리가 어떻게 알며 깨달을 수 있겠습니까? 어떻게 성경을 하나님의 말씀으로 그대로 믿겠습니까? 그런데 성령의 역사로 말미암아 알게 되고 깨닫게 되었습니다. 성령이 조명해 주심으로 그것이 보이기 시작했습니다. 분별력이 생기는 것입니다. 이것이 그리스도인이요, 그리스도인의 삶입니다.

그래서 오늘 성경은 말씀합니다. "너희 중에 이와 같은 자들이 있더니 주 예수 그리스도의 이름과 우리 하나님의 성령 안에서 씻음과 거룩함과 의롭다 하심을 받았느니라"(11절). 이것이 복음입니다. 복음의 역사입니다. 과거의 역사가 아니라, 오늘의 역사요 동시에 미래의 역사입니다. 이것은 현재적 사건이요, 실제 사건입니다.

"너희 중에 이와 같은 자들이 있더니", 이것은 불의한 자가 있다는 말씀입니다. 불의한 자는 천국에 못갑니다.

"의롭다 하심을 받았느니라." 앞으로 되리라는 것이 아닙니다. 이미 임했습니다. '의롭다 하심을 입어 의인이 되었느니라.' 그러므로 이제는 천국 백성이 되었습니다. 이것이 기독교입니다. 이것이 교회입니다. 교회와 기독교는 천국에 들어가지 못하는 불의한 자가 예수 그리스도 안에서 성령을 통하여 믿음으로 의롭게 되어 천국에 들어가는 것입니다. 그 고백과 찬양과 기쁨이 있는 곳이 교회입니다.

"받았느니라." 인간의 힘으로 된 것이 아닙니다. 예수 그리스도 안에서 성령의 역사를 통하여 이미 이루어진 사건입니다. 그래서 이제는 믿기 때문에 천국 밖에 있지 않습니다. 분명 죄인이지만, 의롭게 되어서 천국 안에 있게 됩니다. 이것이 오늘의 은혜요, 오늘 내가 만족하는 이유입니다. 내가 찬송하고 예배드리는 이유입니다. 아무리 생각해도 나는 불의한 사람인데, 아무 공로 없이 하나님의 은혜로 말미암아 의인이 되었습니다. 그러니 그냥 있을 수 있습니까? 찬양할 수밖에 없습니다. 기도할 수밖에 없습니다. 회개할 수밖에 없고, 증거할 수밖에 없습니다. 이 사실을 알게 된 것입니다. "알지 못하느냐?" 이제는 알게 되었습니다. 깨닫게 되었습니다. 분별력이 생겼기에 이제는 미혹되지 않습니다. 더 이상 종교인이 아니라, 하나님 나라의 백성임을 알게 됩니다.

예수 그리스도의 이름과 성령 안에서

오늘 성경에 이런 말씀이 나옵니다. "주 예수 그리스도의 이름과 우리 하나님의 성령 안에서"(11절). 이것은 인류의 소망입니다. 천국 가는 유일한 길이자 위대한 이름들입니다. 이것을 그리스도인은 압니다. 신약성경의 복음서에는 예수 그리스도의 이름을 중심으로 예수님의 활동과 말씀이 기록되어 있습니다. 그러나 서신서에서 보면 그 이름을 대신할 이름이 나타납니다. 바로 성령입니다.

예수님의 십자가, 부활, 승천 이후에 오시는 하나님의 영이요, 예수님의 영입니다. 그 성령께서 활동하십니다. 다시 말해서 지금은 성령의 시대입니다. 이것을 알게 됩니다. 복음의 진수는 예수 그리스도입니다. 예수님의 십자가와 부활 사건입니다. 이것은 과거의 사건입니다. 그러나 그 존귀한 이름이 현재적으로, 미래적으로 역사합니다. 찬송하고 능력으로 나타나는 것은 바로 성령의 역사입니다.

우리는 기도할 때에 예수님의 이름으로만 기도합니다. 그렇지 않으면 하나님께 응답받을 수 없습니다. 그것을 안 것입니다. 오직 예수 그리스도의 이름으로 병 고침이 있고 이적과 능력이 나타납니다. 그렇지 않습니까? 하나님 나라에 들어가는 것이 오직 주 예수 그리스도의 이름으로 가능한 일임을 알게 됩니다. 그래서 더 이상 다른 곳에 미혹되지 않습니다.

그런데 성령의 역사가 없으면 예수님의 십자가와 부활 사건은 과거의 사건이 되고 맙니다. 나와 아무 관계가 없습니다. 그것이 무슨 의미인지, 왜 하나님께서 그렇게 하셨는지, 그 안에 무엇을 약속하셨는지 깨닫지를 못합니다. 기도가 단지 주문이 되고 맙니다. 내게 힘이 되지 않습니다. 이것이 종교 생활입니다. 그런데 성령의 역사가 있으면 이 객관적인 사건이 내게 주관적인 사건으로, 나의 사건으로 나타납니다. 믿게 되고 깨닫게 됩니다. 그래서 변화가 시작됩니다. 그것이 거듭난 자의 인생입니다. 말로는 '예수님은 주시다!' 하면서 찬양하고 기도하며 봉사할 수 있습니다. 그것은 성경에 얼마든지 있습니다. 이단에도 얼마든지 있습니다.

제일 먼저 예수님을 찬양하는 부류가 사탄입니다. 그러나 말로만 할 뿐입니다. 하지만 성령이 임하시면 말뿐만이 아니라, 마음으로 믿게 됩니다. 온 마음으로 받아들이게 됩니다. 그래서 마음의 변화, 삶의 변화가 시작됩니다. 지금 현재 부활하신 그리스도께서 성령을 통하여 역사하십니다. 이것이 기독교의 선포입니다. 오늘 성경은 말씀합니다. "씻음과 거룩함과 의롭다 하심을 받았느니라"(11절). 예수 그리스도의 이름으로, 그리고 성령 안에서 이루어지는 사건입니다. 이것을 깨닫고 알게 되었습니다. 더 이상, 이 외에 다른 소망이 없다는 것을 확신하며 유혹에 빠지지 않습니다. 씻음이란 죄 사함입니다. 예수님의 십자가 안에서 십자가의 보혈로 죄 사함을 받았다고 믿습니다. 그러나 성령의 역사가 없으면 실제 사건이 되지 않습니다. 실제 죄 사함을 받는 사건이 나타남은 성령의 역사로 됩니다.

거룩함, 이것은 성화입니다. 성화는 십자가의 길을 가야 합니다. 이 길을 성령의 역사로, 기쁨으로 가게 됩니다. 받아들이게 됩니다. "의롭다 하심을 받았느니라." 우리는 죄인입니다. 그러나 하나님께서 '너는 의롭다!'라고 인정해 주십니다. 단지 하나, 예수 그리스도의 이름으로 성령의 역사를 통해서 믿음으로 됩니다.

이것은 과거의 일이 아니라 과거와 현재, 그리고 미래를 넘은 하나님의 말씀입니다. 이 말씀에 "아멘!" 하게 되고, 여기서 깨달음을 얻게 됩니다. 그리고 새로운 세계를 보게 됩니다. 이 복음적 생각 안에서 하나님 나라의 증인으로 살게 됩니다. 이 성령의 역사가 내게 임할 때, 그때가 하나님 나라이고, 하나님 나라의 삶을 살아가는 것입니다.

성령의 역사와 하나님 나라의 삶

저명한 영성 신학자이자 깊은 지성을 가진 사람으로 많은 사람에게 영향을 준 헨리 나우웬의 간절한 기도를 한번 들어보시기 바랍니다.

"사랑하는 주님, 제 기도를 들으소서. 당신은 제자들을 홀로 버려 두지 않으시고, 성령을 보내시어 그들을 완전한 진리로 인도하리 라고 약속하셨습니다. 그런데 저는 꼭 어둠 속에서 더듬고 있는 것 같습니다. 당신은 제게 많은 것을 주셨지만, 저는 아직도 당신 의 임재 안에 조용히 머물러 있기가 어렵습니다. 제 마음은 여러 가지 생각과 계획과 기억과 공상들로 매우 어지럽습니다. 저는 오직 당신하고만 있기를 원합니다. 당신 말씀에 집중하고, 당신 음성에 귀를 기울이고, 당신이 계시하시는 대로 당신을 보고 있 기를 원합니다. 하지만 아무리 노력해도 중요하지 않은 일에 이 끌리고, 값싼 보화에 마음이 묶입니다. 저는 위로부터의 능력, 당 신 영의 능력 없이는 기도할 수 없습니다. 주여, 당신의 영을 보 내셔서 그 영이 제 안에서 기도하게 하소서. 제 안에서 '주 예수 여!' 하고, '아바 아버지!' 하고 부르게 하소서. 주님, 저는 기다리 고 있습니다. 기대하고 있습니다. 영을 주시지 않은 채 저를 떠나 지 마소서. 하나 되게 하시고, 위로를 주시는 당신의 영, 그 영을 제게 주시옵소서."

이것이 그리스도인의 마음입니다. 성령 없이는 아무것도 못 합니다. 예수님이 마태복음 6장 33절에서 말씀하십니다. "너희 는 먼저 그의 나라와 그의 의를 구하라." 하지만 이 말씀은 하루를 실천하기가 어렵습니다. 왜냐하면 내 능력, 내 의로 하려니까 그런 것입니다. 안 됩니다. 성령의 역사가 있어야 이 말씀이 내게 임하며, 하나님 나라의 삶을 오늘 살아가게 됩니다. 구원받은 그리스도인은 하나님 나라의 자녀입니다. 하나님 나라의 백성입니다. 성경은 말씀합니다. '천국 시민권을 가졌다.' 어떻게 가능한 일입니까?

항상 기억하고 묵상해야 합니다. 오직 예수 그리스도의 은혜와 성령의 역사로 이루어지는 것입니다. 이 사실을 알 때 감사하게 됩니다. 항상 죄 중에 살 수밖에 없는 나를 이 믿음으로 깨닫게 하시고 알게 하셔서 다시는 속지 않게 우리 마음의 변화를 이끌어주십니다. 이 믿음 속에 성령이 우리에게 위로와 평강과 기쁨을 주십니다. 약속된 말씀입니다. 그 속에서 우리는 진정으로 예수님을 찬양하고 경배하며 경외하고 하나님께 헌신하는 삶을 살아갈 수 있는 것입니다.

기도

전지전능하신 하나님 아버지, 혼탁한 어둠의 세상 속에서 죄의 종으로 살아갈 수밖에 없는 불의한 자들을 예수 그리스도 안에서 하나님의 복음을 믿음으로 성령을 통하여 영안을 뜨게 하시고, 하나님의 은혜를 깨닫게 하시어 더 이상 세상에 속지 않게 하시고, 자신에게 속지 않도록 우리에게 분별력을 주심을 진심으로 감사드립니다. 성경이 하나님의 말씀임을 성령을 통하여 믿게 하시고, 그 고귀한 말씀을 깨달으며, 그 말씀 속에서 영적으로 생각하고 응답하고 회개하며, 주를 찬양하며 하나님의 사람으로 날마다 변화되게 하심을 진심으로 감사드립니다. 이미 하나님 나라가 임하였음을 진실로 깨닫고, 고백하며, 더 이상 속지 않고 세상에 매여 끌려가는 삶을 살지 아니한 채 천국을 준비하며, 천국을 자랑하며, 천국 백성답게 살아갈 수 있는 모든 주의 사람 되도록 복을 내려주시옵소서. 우리 주 예수 그리스도의 이름으로 간절히 기도드리옵나이다. 아멘.

06

내가 왕이니라

예수께서 전파하신
하나님의 나라

06

내가 왕이니라

⋮

이에 빌라도가 다시 관정에 들어가 예수를 불러 이르되 네가 유대인의
왕이냐 예수께서 대답하시되 이는 네가 스스로 하는 말이냐 다른 사람
들이 나에 대하여 네게 한 말이냐 빌라도가 대답하되 내가 유대인이냐
네 나라 사람과 대제사장들이 너를 내게 넘겼으니 네가 무엇을 하였느
냐 예수께서 대답하시되 내 나라는 이 세상에 속한 것이 아니니라 만일
내 나라가 이 세상에 속한 것이었더라면 내 종들이 싸워 나로 유대인들
에게 넘겨지지 않게 하였으리라 이제 내 나라는 여기에 속한 것이 아니
니라 빌라도가 이르되 그러면 네가 왕이 아니냐 예수께서 대답하시되
네 말과 같이 내가 왕이니라 내가 이를 위하여 태어났으며 이를 위하여
세상에 왔나니 곧 진리에 대하여 증언하려 함이로라 무릇 진리에 속한
자는 내 음성을 듣느니라 하신대 빌라도가 이르되 진리가 무엇이냐 하
더라 _ 요한복음 18:33-38

　　20세기를 대표하는 천재 과학자 아인슈타인의 일화입니다.
그가 기차여행을 할 때 일어났던 일입니다. 기차가 목적지를 향
해서 달리던 중에 차장이 나타나서 승객들의 승차권을 일일이
검사하기 시작했습니다. 아인슈타인도 자신의 승차권을 찾아보
지만 찾을 수가 없었습니다. 양복 위에 집어넣은 것 같은데 찾아
보니까 없고, 바지 주머니를 찾아도 없고, 서류가방을 열어 살펴

보아도 표를 발견할 수 없었습니다.

　그 모습을 보고 차장이 이렇게 말했답니다. "박사님, 우리는 다들 선생님이 누군지 잘 알고 있습니다. 틀림없이 표를 사셨을 거예요. 걱정하지 마세요." 아인슈타인 박사는 고개를 끄떡이면서 감사의 표시를 했습니다. 그러고는 계속해서 표를 찾았습니다. 일어났다 앉았다, 의자 밑을 살폈다가는 옷을 뒤집어보면서 계속하여 표를 찾는 것이었습니다. 그래서 차장이 다시 말했습니다. "박사님, 걱정하실 필요 없다니까요. 우리는 박사님을 믿습니다. 박사님이 누군지를 우리가 잘 알고 있어요." 그때 아인슈타인이 그를 쳐다보며 이렇게 말했답니다. "내가 누군지는 나도 잘 알고 있소. 그런데 내가 지금 어디로 가는지를 모르겠단 말이오." 목적지를 잃어버린 것입니다.

인생의 의미와 운명을 결정하는 인생관

　성도 여러분, 우리는 모두 인생을 살아갑니다. 그런데 인생이란 무엇입니까? 인생의 의미와 끝은 어떻게 되는 것입니까? 나의 인생은 어디로 가고 있습니까? 내 인생의 최종 목적지는 어디입니까? 이 세상 역사의 시작과 끝은 무엇입니까? 이 역사의 의미라는 것이 과연 무엇입니까? 세상의 종말은 어떻게 나타나는 것입니까? 이와 같은 질문의 답이 바로 진리라는 것입니다. 그런고로 어떤 진리관을 갖고 있느냐에 따라서 스스로 이러한 인생의 본질적인 질문의 답을 생각하면서 오늘을 사는 것입니다. 거기에서 그 사람의 인생의 의미와 운명이 결정됩니다. 이걸 항상 기억해야 합니다. 성도 여러분, 여러분은 어떤 진리관을 가지고 오늘을 열심히 살아가고 있습니까?

19세기 인도의 정신적 지도자인 라마크리슈나에게 한 수행자가 찾아와서는 의기양양하게 말했습니다. "선생님, 제가 드디어 성공했습니다. 오랜 수행 기간을 통해 제가 갠지스강의 물을 건너는 비결을 찾아냈습니다." 라마크리슈나는 조용히 눈을 감고 있다가 이렇게 되물었습니다. "그래, 수고했네. 얼마간의 수행 기간이 필요했나?" "예 18년이나 걸렸습니다." 다시 묻습니다. "그런데 말이야, 갠지스강을 건너는 뱃삯이 얼마인가?" "20루피인데요. 저는 그렇게 알고 있습니다." 그때 라마크리슈나가 이 수행자에게 말했습니다. "자네는 18년 동안 노력해서 겨우 20루피 벌었구먼." 이게 오늘날 세상의 인생이라는 것입니다. 잘못된 진리관을 좇아 열심히 살았지만, 그 결국은 허무입니다. 그리고 후회하는 것이 인생입니다. 이것을 깊이 생각해야 합니다.

성도 여러분, 우리는 모두 세상을 살아갑니다. 이 세상이 무엇입니까? 내가 사는 세상, 과연 이 세상이라는 것이 무엇입니까? 모든 본질적인 질문의 답은 성경에 나타나 있습니다. 성경에서 '세상'이라는 용어를 쓰는데, 한마디로 말하면 세상이라는 것의 정의는 '잘못된 진리관'을 말하는 것입니다. 세상을 이끄는 사고방식, 조직, 구조와 시스템, 더 나아가 보이지 않는 세력, 세계관, 관점이 세계를 움직이고 있습니다. 그 속에 우리가 살아갑니다. 인간은 이러한 세상 안에서 의식하든 의식하지 않든 각자의 진리관, 그리고 사고방식을 갖고 각자의 인생을 살아갑니다. 그래서 그 진리관에 이끌려서 옳고 그름을 판단하고, 선과 악을 분별한다고 믿고 살아갑니다.

참 진리이신 예수 그리스도

그런데 문제는 이 세상의 진리관 안에는 전혀 하나님이 있지 않다는 것입니다. 하나님이 없는 세계관이요, 진리관입니다. 하나님의 존재, 하나님의 지혜, 하나님의 능력, 하나님의 은혜, 하나님의 진리가 전혀 없습니다. 대표적인 것이 신문방송입니다. 과거로부터 지금까지, 그리고 앞으로도 이 신문방송은 세상을 대표하는 지식창고입니다. 정보와 뉴스를 줍니다. 그러나 거기에는 하나님이 없습니다. 거기에서는 성경적 진리관을 말하지 않습니다. 하나님 나라가 없습니다.

　이것이 문제입니다. 그래서 성경은 이 세상이 사탄의 권세 아래 있고 불신앙의 세대라고 말합니다. 죄의 권세 아래 있다고 정의를 내립니다. 그 속에서 인류는 열심히, 아주 분주하고 바쁘게 뭔가 이룰 것처럼 살아갑니다. 그러나 결국 후회하고 절망하며 낙심하고 두려워합니다. 허탄한 인생을 반복합니다. 잘못된 진리관에 이끌린 결국이 이와 같습니다.

　성도 여러분, 이러한 세상 속에, 이 세상 안으로 예수 그리스도께서 오셨습니다. 이것을 믿고 기뻐하는 것이 기독교와 교회입니다. 예수님이 이 세상 속으로 오셨습니다. 그리고 말씀하십니다. "나는 세상의 빛이니라." 요한복음 8장 12절에서 정확히, 명확하게 말씀하십니다. "나는 세상의 빛이니라!" 이 잘못된 세계관, 진리관 속에 오셔서 "나는 빛이니라!"라고 하십니다. 이 빛은 세상이 얼마나 잘못되었는가를 보여주고 드러냅니다.

　요한복음 14장 6절에서 예수님이 말씀하십니다. "나는 진리니라"(I am the truth). 진리로 오신 예수님은 이 세상에 거짓된 진리를 드러내십니다. 진짜가 있어서 가짜가 드러나듯이, 참 진리가 오셔서 이 죄악 많은 세상을 드러냅니다. 이것이 기독교요, 교회의 선포입니다. 그래서 구원받은 그리스도인은 예수님을 나의 구주로 영접하며, 예수 그리스도 안에서 예수 그리스도의 시각으로 또 그 진리를 믿으므로 잘못된 세계, 잘못된 진리관을 보게 됩니다. 그리고 예수 그리스도의 증인으로 살아가게 됩니다. 이것은 세상에서 말하는 삶과 차원이 다른 것입니다. 생각이 다르고, 삶의 방식이 다릅니다. 이러한 인격적 변화가 예수 그리스도 안에서 항상 우리 안에 나타납니다.

예수님과 빌라도의 대화

오늘 성경에는 빌라도와 예수 그리스도의 대화가 기록되어 있습니다. 계시적인 사건이 그대로 기록되어 있습니다. 지금 사건은 빌라도 법정에서 있었던 일이요, 예수님이 십자가를 지시기 몇 시간 전의 일입니다. 그런데 이 장면을 보면 얼마나 대조적입니까? 어떻게 보면 빌라도는 이 세상에서 가장 운이 없는 인간이라고 생각됩니다. 하필이면 왜 그때 총독을 맡은 것인가 싶습니다. 그는 악인으로 전 세계 역사에서 제일 유명한 사람이 되었습니다. 우리도 사도신경을 통해 매번 예수님께서 빌라도에게 고난을 받으셨음을 고백합니다. 사실 원래 그가 원흉은 아닌데, 그 자리에 있었기에 그렇게 된 것입니다. 그런 빌라도는 지금의 이 세상을 대표한다고 볼 수 있습니다.

세상을 대표하는 로마의 총독으로 지배자요 지식인인 빌라도와 예수님이 만나는 장면을 깊이 생각해 보면 누가 죄수인지 모를 정도입니다. 분명한 것은 예수님 앞에서 빌라도 자신의 인생관, 진리관, 삶이 다 폭로됩니다. 거짓된 인생관, 잘못된 진리관을 따라 살아갔던 그의 인생이 그대로 드러납니다. 곧바로 빌라도는 예수님께서 조금 이상할 뿐이지, 죄인이 아닌 것을 알게 됩니다. 그러나 빌라도는 그의 사고방식에 따라, 그가 믿는 세상의 풍조에 따라 결국 악과 타협합니다. 자신의 성공을 위해서 예수님을 십자가 처형에 내어주었습니다. 얼마나 부끄러운 인간입니까?

빌라도의 입장에서 생각해 보십시오. 그가 죽기 전에 얼마나 후회했겠습니까? 죽어서 하나님 앞, 그 심판대 앞에 섰을 때 얼마나 탄식했겠습니까? '내가 왜 그랬을까? 어떻게 인생을 이렇게 살았나? 왜 내 결국이 이 모양이고 이 꼴인가?' 그는 세상에 속고 살았습니다. 그 모습을 우리는 성경에서 봅니다. 빌라도 총독이 예수님께 질문합니다. "네가 유대인의 왕이냐?" 다시 말을 이어 질문합니다. "그러면 네가 왕이 아니냐?" 이 질문에 대하여 예수님께서 자기 계시를 직접 명확하게 말씀하십니다. "네 말과 같이 내가 왕이니라." 이렇게 명료하게 본인이 누구인지 말씀하신 것은 처음입니다. "내가 왕이니라."

성도 여러분, 우리는 성경을 통해서 예수님이 누구이신지,

무슨 일을 하셨는지를 알게 됩니다. 거기에 구원에 이르는 믿음이 있습니다. 예수님께서 말씀하십니다. "나는 왕이니라." 그리고 더 확증적으로 말씀하십니다. "내가 이를 위하여 태어났다. 이를 위하여 세상에 왔노라." 예수님께서 이 땅에 오신 목적을 말씀하십니다. '내가 왕임을 선포하기 위해서 나는 이 땅에 왔노라!' 지금 예수님은 왕이시니까 본인이 통치하시는 나라를 말씀하십니다. '내 나라를 이루기 위해서, 선포하기 위해서 나는 이 땅에 왕으로 왔노라.'

지금 로마 총독 앞에서, 세상 앞에서, 모든 인류 앞에서 선포하십니다. 성육신의 목적이 이 세상을 개혁하고 개선하는 것이 아니라는 것입니다. 우리의 소원을 들어주시고 만사형통케 하시어 유토피아를 건설하시는 이런 것이 목적이 아니라는 것입니다. 예수님이 이 땅에 태어나신 목적은, 이 세상에 오신 목적은 왕으로 오신 것입니다. 내 나라를 선포하시기 위해서, 하나님 나라를 증거하시기 위해서 이 땅에 오셨음을 십자가를 지시기 몇 시간 전에 직접 말씀해 주셨습니다.

세상의 세계관과 하나님 나라의 진리

여기에 구원에 이르는 믿음이 있습니다. 예수님이 누구십니까? 그는 왕이십니다. 그래서 우리는 그를 구세주, 구주로 고백합니다. 예수님은 이 땅에 오셔서 무슨 일을 하셨나요? 하나님 나라를 선포하셨습니다. 여기에 모든 세상의 문제에 대한 근원적인 답이 있습니다. 예수님은 새로운 진리관을 말씀하십니다. "내 나라는 이 세상에 속한 것이 아니니라."

이것은 완전히 새로운 차원의 세계관입니다. 그 나라가 어디에 있습니까? 예수님이 말씀하십니다. "내 나라는 이 세상에 속한 것이 아니다." 그리고 일생을 통해서 말씀하셨습니다. "하나님 나라가 가까웠느니라." 그런데 이러한 참 진리를 당대의 지식인이요, 정치가요, 성공한 빌라도 총독이 알아들을 길이 없었습니다. 왜냐하면 세계관이 다르기 때문입니다. 이 사람이 생각하는 왕은 누구입니까? 정치적인 왕입니다. 그는 정치적인 왕을 생각하고 있습니다. 무력으로 정복하고 권력으로 통치하는 왕입니다. 이런 세계관을 갖고 있으니 도무지 은혜와 진리의 왕, 사랑과 희생의 왕이라는 말을 알아들을 길이 없는 것입니다.

성도 여러분, 이것이 세상의 무지라는 것입니다. 이것이 세상의 세계관입니다. 이런 세상적 진리관의 사고방식이 있으니 예수님이 오셔서 말씀하시고, 십자가에 죽으시고, 부활하셔도 알지 못합니다. 깨닫지 못합니다. 이것이 비극적인 인생입니다. 심지어 예수님의 제자들도 끝까지 못 알아들은 것이 하나님 나라였습니다. 그들은 3년 동안 예수님께로부터 하나님 나라와 천국 진리의 말씀을 수없이 들었습니다. 게다가 이적과 능력도 보았습니다. 그러나 못 알아들었습니다. 십자가를 못 알아듣다가 예수님이 십자가를 지시니까 그 후에야 알아듣게 됩니다. 부활도 단지 추상적으로 알다가, 부활하신 예수님을 만나보고 나서야 정말 부활이 있다는 것을 알게 됩니다. 그런데도 끝까지 못 알아들은 것이 하나님 나라였습니다.

사도행전 1장에서 예수님이 승천하십니다. 그 마지막 승천하시는 순간, 그들이 한다는 질문이 이것입니다. "주께서 이스라엘 나라를 회복하심이 이 때니이까?" 다시 말해서 이런 질문입니다. '하나님 나라가 이제 임하는 것입니까? 예수님이 정치적인 왕으로 나타나셔서 정말 하나님 나라가 나타나는 것입니까?' 단지 이런 질문이나 하고 있습니다. 예수님께서는 이에 대해 답을 안 해주시고 그냥 가버리셨습니다. 아마 하도 한심해서 그러셨는지도 모르겠습니다.

하지만 예수님은 믿는 구석이 하나 있으셨습니다. 성령이 오시면 깨닫게 된다는 것입니다. 정말로 성령이 임재하시고 나니까, 제자들은 거듭남을 통해서 그제야 알게 됩니다. 진리의 영인 성령이 오시니까 그제야 참 진리가 무엇인지 깨달았습니다. 하나님 나라가 무엇인지, 어떻게 임하는지, 어떻게 우리가 하나님 나라 백성이 되는지를 그제야 알고 하나님 나라의 증인으로 살기 시작합니다.

예수님이 전하신 진리하나님 나라

오늘 성경에서 예수님은 말씀하십니다. "내가 세상에 왔나니 곧 진리에 대하여 증언하러 왔음이라." 항상 이 말씀을 기억하시기 바랍니다. 이것은 왕의 선포입니다. 최후의 유언과 같은 말씀입니다. 잘못된 진리관에 있으면 참 진리를 알 길이 없습니다. 참 진리를 알아야 무엇이 잘못인지를 아는데, 믿음으로 받아들이지 못하는 것입니다. 그래서 예수님께서 말씀하십니다. "나는 진리다." 예수님이 스스로 말씀하십니다.

이 말씀을 그대로 믿고 생각해 보십시오. 정말 그렇습니다. 하나님이신 예수님이 이 땅에 오셨습니다. 그 자체가 진리입니다. 그래서 "나는 빛이니라! 진리니라!" 그러시면서 세상의 모든 헛된 것, 잘못된 진리, 잘못된 삶의 방식을 폭로하십니다. 그래서 회개가 일어나고 예수님께로 돌아오는 것입니다. "나는 진리니라." 정말 예수 그리스도 안에서 믿음으로 살면 이제는 다른 차원의 세상이 보이게 됩니다. 세계가 어떻게 돌아가고 인생의 끝이 무엇인지 말씀대로 보이며 체험하게 됩니다. 그래서 예수님께서 말씀하십니다. "나는 진리니라. 진리를 증언하기 위해 이 땅에 왔노라."

성도 여러분, 예수님이 전하신 진리는 한마디로 하나님 나라입니다. 하나님 나라가 진리요, 진리가 하나님 나라입니다. 진리를 모르니 하나님 나라를 들어도 알지 못하고, 느끼지를 못합니다. 진리를 좇고 추구했는데, 하나님 나라를 안 믿으니 따로따로 노는 것입니다. 하나님 나라가 곧 진리요, 그 진리가 하나님 나라를 우리에게 보여주고 있습니다. 다시 말해서, 성경 모든 진리관을 한마디로 대답하면 하나님 나라입니다. 하나님 나라 진리가 성경 진리관입니다.

우리는 이 세상에서 진리 같은 것들을 많이 배웠습니다. 철학자들이 '이것이 진리다! 저것이 진리다!'라고 말하지만, 그것이 진리는 아닙니다. 진리와 비슷할 뿐입니다. 많은 종교가 '이것이 진리다!'라고 이야기하면서 많은 사람을 따라오게 하려 하지만, 그것은 진리가 아닙니다. 진리를 표방한 것에 불과합니다. 진화론을 주장하는 분들은 과학적 가설을 통해서 말하지만, 그것은 진리가 아닙니다. 왜냐하면 우리는 오직 한 분이신 창조주 하나님을 믿기 때문입니다. 하나님의 다스림과 역사를 그대로, 성경대로 믿으니까 가짜를 알게 됩니다. 잘못된 세계관을 보게 됩니다. 여기에서 바른 그리스도인의 삶이 나타납니다.

예수님께서 말씀하십니다. "무릇 진리에 속한 자는 내 음성을 듣느니라." 얼마나 귀한 말씀입니까? 예수님의 음성을 듣기 바라십니까? 진리에 속하십시오. 하나님 나라를 묵상하십시오. 하나님 나라의 진리를 믿고 순종해 보십시오. 성경 안에서 하나님의 말씀을 듣습니다. 정말 듣습니다. 그 마음으로 핵심을 깨닫게 되고 분별하게 됩니다. 그런데 하나님 나라를 소망하고 천국을 말하는데 천국 진리를 알지 못한다면, 어떻게 하나님 나라를 알겠습니까? 이것은 한낱 종교 생활에 불과합니다.

천국 백성된 그리스도인은 천국 진리 안에서 오늘을 살아갑니다. 그래서 말씀합니다. "하나님 나라가 임하였느니라." 죽어서 가는 천국은 죽은 다음의 이야기이고, 그리스도인은 오늘 이 세상 속에서 하나님 나라의 삶을 살아가는 것입니다. 세상 안에 있으나 세상에 절대 속하지 않습니다. 왜냐하면 세상의 가치관을 따르지 않기 때문입니다. 부딪치기 때문입니다. 우리는 천국 진리를 믿고, 천국 진리의 증인으로 오늘을 살아가기 때문입니다.

하나님 나라 진리 속에 나타나는 삶의 변화

복음서에 나타난 예수님의 말씀과 예수님의 삶 전체가 천국 진리입니다. 더 이상 세상에 속지 않고, 잘못된 진리관에 이끌려 잘못된 인생을 살지 않습니다. 이런 삶을 살아갈 때는 성경을 아무리 외우고 공부를 하며 박사가 되어도 성경을 하나님의 말씀으로 믿지를 않습니다. 듣지를 못하기 때문입니다. 무엇이 하나님의 말씀인지를 분별하지 못하기 때문입니다.

영국에 웨스트민스터 사원이라는 곳이 있습니다. 저도 몇 번 가본 경험이 있는데, 거기에는 소위 영국의 영웅들, 세계적인 영웅들이 묻혀 있습니다. 그중에 감리교의 창시자인 하나님의 사람 웨슬리 형제를 위한 기념비가 있습니다. 아주 조그만 기념비인데, 거기에 요한 웨슬리가 평소에 설교하고 유언과 같이 남기고 항상 전한 세 가지 명언이 기록되어 있습니다.

첫째가 이것입니다. 'The best of all, God is with us(가장 좋은 것은 하나님이 나와 함께하심이니라).' 완전히 다른 세계관입니다. 둘째는 이것입니다. 'I look upon all the world as my parish(이 모든 세상을 나의 선교지로, 나의 교구로 바라보고 있다).' 굉장하지 않습니까? 셋째는 이것입니다. 'God buries His workman, but carries on His work(하나님은 그의 일꾼들을 땅에 묻으셨지만, 그의 일은 계속해서 해나가신다).' 하나님 나라의 진리가 이 사람의 생각과 사고방식과 비전을 바꿔버렸습니다.

오늘도 우리가 천국을 믿고, 천국 진리를 그대로 받아들일 때 우리 안에 인격적 변화가 일어납니다. 참 진리는 믿는 자를 변화시킵니다. 만일 내가 진리를 믿는데 내 안에 변화가 없다면, 그것은 가짜 진리를 믿고 있는 것입니다. 참 진리를 정말 믿고 영접했다면 진리 자체가 능력이 있어서 우리를 변화시킵니다. 우리의 마음속에서 생각과 삶의 사고방식을 변화시킵니다. 그리고 우리는 그 진리를 따라서 새로운 관점으로 오늘을 살아가게 됩니다.

요한복음 8장 32절에서 예수님이 말씀하십니다. "진리를 알지니 진리가 너희를 자유롭게 하리라." 이것은 진리를 체험한 사람만 아는 것입니다. 정말 어떤 상황에 있든지 하나님 나라의 진리가 자유롭게 합니다. 우리에게 평안을 주고 기쁨을 주며 새로운 비전을 줍니다. 약속을 소망하게 합니다. 우리를 자유롭게 합니다. 더 이상 세상 속에 살아가는 게 아닙니다. 세상 안에 있으나, 세상에 동화되지 않았습니다. 세상에 있으나 구별된 하나님 나라의 삶을 오늘 살아가는 것입니다. 진리가 나를 자유롭게 하는 삶, 하나님 나라가 나를 자유롭게 하는 삶을 오늘 살아가게 됩니다.

왕이신 예수님을 선포하는 그리스도인의 삶

교회를 핍박하고 예수님을 믿는 사람을 죽이려 하던 사도 바울의 신앙고백을 들어보십시오. 빌립보서 3장 8절의 말씀입니다. "모든 것을 잃어버리고 배설물로 여겼노라." 천국 진리를 믿을 때 그 진리가 그를 변화시킨 것입니다. 그동안 열심히 살며 자랑하던 모든 것들이 하나님 나라에 들어가는 데 장애물인 것을 깨달았습니다. 그래서 고백합니다. "배설물로 여겼노라."

그리고 고린도전서 2장 2절에서 또 고백합니다. "예수 그리스도와 그가 십자가에 못 박히신 것 외에는 아무것도 알지 아니하기로 작정하였음이라." 무엇이 이 사람을 이렇게 만든 것입니까? 예수님이 선포하신 하나님 나라, 그 천국 진리를 믿었기에 진리가 그를 변화시켰습니다. 왜냐하면 예수님이 전하신 진리, 그 하나님 나라 진리의 핵심과 본질은 예수 그리스도와 십자가이기 때문입니다. 오직 그 진리의 본질을 좇아 믿음으로 살겠다고 결단하는 것입니다.

영국의 선교사이며 아프리카 탐험가인 리빙스턴의 일화입니다. 그는 청년 때 많은 재능을 갖고 있었는데, 그때 어두운 나라, 암흑의 나라인 아프리카로 가겠다는 결심을 합니다. 그가 부둣가에 나와 배를 타려 할 때 많은 사람과 친구들이 나와서 배웅을 합니다. "아, 참 큰 결정을 했네. 조심하게." 더러는 이렇게 그의 안전을 당부하기도 하고, 또 어떤 사람은 이렇게 경고도 합니다. "거기 정말 위험한 데야. 몸조심해야 해. 정말 조심해야 해."

또 어떤 사람들은 이렇게 비난하면서 그를 만류합니다. "거기를 왜 가? 왜 거기에 가? 여기도 할 일이 많은데. 당신 능력도 많고 당신을 따를 사람도 많으니 여기서 일하면 되지, 거기는 왜 가? 가지 마. 가지 마."

그럴 때마다 이 청년 리빙스턴은 주머니에서 성경책을 꺼내 마태복음 28장 20절을 읽었습니다. "볼지어다 내가 세상 끝날까지 너희와 항상 함께 있으리라." 예수님께서 승천하시면서 우리에게 주신 말씀입니다. 리빙스턴은 이 말씀을 크게 읽고 나서 자기 길을 막는 친구들에게 이렇게 말했답니다. "여보게, 이것이 주님께서 내게 주신 진리의 약속이라네. 그러니 이제 나와 주님을 좀 보내주게나."

구원받은 그리스도인은 천국 시민권을 가진 하나님 나라 백성입니다. 그 하나님 나라를 믿을 때 새로운 관점을 갖고, 새로운 세계관을 갖게 됩니다. 그 천국 진리를 믿음으로 영접하고 깊이 묵상할 때, 우리는 무엇이 잘못됐고 어디서 빗나갔는지를 훤히 보게 됩니다. 그리고 이제는 새로운 진리이신 예수 그리스도를 따라 예수님의 진리에 이끌리어 오늘을 살게 됩니다. 진실로 하나님 나라를 현재적으로 경험하고 왕이신 예수님을 선포하며, 그 예수님의 말씀에 귀를 기울이게 됩니다. "내가 왕이니라. 내 나라는 이곳에 있지 아니하니라. 나는 진리를 증언하러 이 세상에 왔노라."

전지전능하신 하나님 아버지, 어둡고 캄캄한 이 세상 속에서 정신없이 바쁘게 열심히 살아가지만, 그 끝을 알지 못하고, 인생의 궁극을 깨닫지 못한 채 후회와 낙심과 절망을 반복하는 허탄한 인생을 살아가는 저희 모두를 불쌍히 여겨주시옵소서. 이 땅에 빛 되신 예수 그리스도를 보내시어 믿음으로 빛의 진리를 따라 거짓된 세계관과 사고방식을 깨닫게 하시고, 참 진리의 길을 따라 하나님 나라의 삶을 기뻐하며, 하나님 나라의 영광을 묵상하며, 주의 나라와 의를 먼저 구하는 삶을 오늘 살게 해주심을 진심으로 감사드립니다. 예수 그리스도께서 이 땅에 하나님 나라의 왕으로 오셨고, 하나님 나라를 선포하셨고, 그 나라가 곧 진리임을 우리에게 전하신 말씀대로 그 약속의 진리를 붙들고 승리하는 삶을 살아갈 수 있도록 늘 함께하여 주시옵소서. 우리 주 예수 그리스도의 이름으로 간절히 기도드리옵나이다. 아멘.

07

그리스도인의
우선순위

예수께서 전파하신

하나님의 나라

그리스도인의 우선순위

:

그런즉 너희는 먼저 그의 나라와 그의 의를 구하라 내일 일은 내일이 염려할 것이요 한 날의 괴로움은 그 날로 족하니라 _ 마태복음 6:33

중국 송나라 때의 일입니다. 희귀한 보석을 가지고 있던 한 사람이 당시 높은 벼슬에 있는 자한(子罕)에게 이 보석을 바쳐야 겠다고 결심합니다. 그래서 먼저 보석감정인을 찾아갑니다. 감정인은 그가 가져온 것을 보고 세상에서 구하기 힘든 진귀하고 값진 보석이라고 말해 줍니다. 이 사람은 기쁜 마음을 가지고 그 보석을 자한에게 주면서 감정인의 말도 함께 전했습니다. 그런데 청렴하고 고귀한 인품을 지녔던 자한은 그걸 거부하고 이런 말을 합니다. "당신은 보석을 보배로 여기고 있으나, 나는 탐내지 않는 마음을 보배로 여기고 있습니다. 내가 이 보석을 받으면 우리 둘 다 보배를 잃어버리는 것이 되지 않겠습니까?" 깊이 생각해 보시기 바랍니다.

인생을 결정하는 가치관

성도 여러분은 어떤 인생관을 가지고 오늘을 살아가십니까? 또 어떤 가치관에 이끌려 오늘을 사십니까? 사람의 인생을 결정하는 것은 그 사람의 인생관이요 가치관입니다. 어떤 부분이 결정하는 것이 아니라, 결국은 전체 인생관이 그 삶을 결정합니다. 그래서 잘못된 인생관을 가지면 결국은 잘못되고 맙니다. 우리가 겪는 허무, 고통, 좌절, 분노, 절망의 원인은 지금 내가 직면한 사건이 아니라, 우리의 속에 있는 인생관입니다. 잘못된 인생관이 계속 우리를 고통스럽고 절망스럽게 만들어갑니다.

오늘날 사람들에게 소원이 뭐냐고 물으면 50% 이상 1위로 나오는 것이 부자가 되는 것입니다. 왜 이렇게 된 것입니까? 잘못된 인생관의 결과입니다. 오늘날 현대인들이 바라는 것은 단 두 가지밖에 없습니다. 아마 우리도 마찬가지일 것입니다. 바로 부와 건강입니다. 이 두 가지가 행복의 절대적 요소라고 믿습니다. 왜 이렇게 된 것입니까? 잘못된 인생관 때문입니다. 거기로부터 잘못된 삶이 나타납니다.

이런 재미있는 이야기가 있습니다. 평생토록 교회를 나가 본 적도 없고 그저 돈 버는 데에만 열중했던 욕심 많은 노인이 있었습니다. 그가 아파서 죽게 되었습니다. 어느 날, 아내가 밖에 나갔다가 들어와 보니 이 노인이 큰 소리로 간절히 기도하고 있는 것입니다. 아내가 들어보니 그 내용이 이렇더랍니다. "하나님, 저는 정말 굉장한 구두쇠입니다. 사람들에게 너무 악한 일을 많이 했습니다. 천당에 갈 자격이 없는 정말 나쁜 놈입니다. 그러니 제발 이 세상에 그대로 살게 해주십시오."

사탄이 주는 잘못된 인생관

사탄의 역사 중 가장 강력한 것이 바로 죽음에 대한 것입니다. 사탄은 죽음에 대한 인류의 이해를 바꿔놓았습니다. 죽음이 끝이라는 생각을 심어놓았습니다. 죽으면 모든 것이 끝나고 만다는 것입니다. 그럼 어떻게 되는 것입니까? 이 세상뿐입니다. 이 세상에서 잘 살아야 합니다. 그 결과 이 세상이 삶의 중심이 되었습니다.

또 사탄은 영원한 세계를 막연한 것으로 여기게 하는 씨를 뿌려놓았습니다. 그래서 심지어 기독교에서 말하는 천국과 지옥에 대해서도 '과연 정말일까?' 하고 의심하도록 만들어 놓았습니다. 이미 교인조차도 그렇게 생각합니다. 왜냐하면 이 세상에서 너무나 많이 그렇게 생각하도록 훈련되었기 때문입니다. 그 결과 세상 중심으로 살아갈 수밖에 없게 되었습니다. 어려서부터 배운 것이 다 세상 중심의 지식입니다. 그런데 성경은 세상에 대해서 이렇게 말씀합니다. '사탄의 권세 아래 있다. 사탄의 종이다.' 왜요? 세상의 세계관, 진리관, 가치관, 인생관이 그렇기 때문입니다. 성경적 진리관이 없습니다. 하나님의 뜻이 나타나 있지 않습니다.

만일 이 세상이 우리의 삶 전부라면 부와 건강이 최고지, 뭐하러 다른 것을 찾으며 고상한 척하겠습니까? 부와 건강만이 내 행복을 위해서 제일 중요한 것이 됩니다. 이렇게 잘못된 인생관이 우리 삶을 잘못된 것으로 만들어갑니다.

세상 사람과는 다른 그리스도인의 우선순위

워렌 버핏 회장은 오늘 이 시대에 가장 존경받는 기업인 중 한 분입니다. 그가 자신의 비행기 조종사인 프린트라는 사람과 나눈 유명한 대화가 있습니다.

어느 날 워렌 버핏 회장이 그 조종사에게 이렇게 물었습니다. "자네 인생에서 가장 중요한 게 뭔가? 25개만 종이에다가 기록해 보게." 그러니까 프린트가 "네!" 하고 25개를 고민하며 기록했습니다. 그것을 보고 워렌 버핏이 다시 말합니다. "그중에서 제일 중요한 것 다섯 개만 동그라미를 치게." 그래서 프린트는 다시 깊이 생각한 후에 다섯 개의 내용에 동그라미를 쳤습니다. 그리고 이렇게 말했습니다. "아, 이제 깨달았습니다. 당장 제가 해야 할 일이 무엇인지를 알았습니다. 저는 이 다섯 가지에 집중하고 살겠습니다."

그때 워렌 버핏이 신중한 표정으로 다시 물었습니다. "그러면 나머지 스무 개는 어떻게 할 건가?" 그랬더니 조종사가 자신 있게 말합니다. "이 다섯 개에 대부분의 시간을 집중하고, 나머지 시간에 틈틈이 노력해서 그 나머지 목표를 이루도록 하겠습니다." 그때 이 버핏 회장이 단호하게 말합니다. "안 돼. 절대 안 돼. 그건 가장 큰 실수를 범하는 거야. 당신이 최우선으로 생각한 다섯 가지 목표, 그것이 완성되기 전까지 나머지는 다 버려야해. 그렇지 않으면 그 목표를 이룰 수 없을 것이네." 참 귀한 교훈입니다.

성도 여러분, 인생관과 우선순위는 서로 절대적 관계에 있습니다. 내 인생 전체의 중심이 되는 인생관은 결국 우선순위로 구체화됩니다. 내 삶에서 가장 가치 있고, 가장 귀한 우선순위가 나의 인생관이 무엇인지를 말해 줍니다. 여기서 분명한 것은 그리스도인의 인생관은 달라야 한다는 것입니다. 세상 어떤 사람과도 달라야 하고, 불신자들과도 달라야 합니다. 왜냐하면 거듭난 사람이기 때문입니다. 천국 백성이 되었기 때문입니다. 그래서 예수님께서 말씀하십니다. '육으로 난 것은 육이요, 영으로 난 것은 영이니라.' 육으로 난 사람은 세상뿐입니다. 그러나 영으로 난 사람은 그 이상의 영적 세계를 보면서 살아가는 인생관을 갖습니다.

먼저 구하라

예수님께서는 오늘 본문을 통해 그리스도인의 인생관과 우선순위가 무엇인지를 말씀해 주십니다. 우리는 이 말씀을 항상 묵상하며, 이 말씀 안에서 내가 누구인지를, 또 내 인생관이 바로 되어 있는지를 생각하면서 오늘을 살아가야 합니다. 예수님께서 말씀하십니다. '먼저 구하라!' 먼저 구하라는 것은 우선순위가 달라야 한다는 것입니다. 이것을 원문에 가까운 성경으로 보면 이런 의미입니다. '아주 간절히 힘써 먼저 구하라.'

오늘 본문 말씀은 딱 한 절이지만, 여기에 담긴 중요성을 알아야 합니다. 예수님께서는 산상수훈을 말씀하십니다. 마태복음 5장, 6장, 7장입니다. 이것을 계속해서 읽어보시기를 권합니다. 이 말씀은 불교의 스님도 아주 귀한 예수님의 말씀이니 읽어보라고 권면할 정도로 유명한 말씀입니다.

산상수훈 전체의 핵심이 오늘 본문 말씀입니다. 성경 전체의 주제이기도 합니다. '먼저 구하라.' 그리스도인이 구할 것을 말씀해 줍니다. 이 말씀은 어떤 부분적인 삶에 대한 것이 아닙니다. 이것입니다. '삶 전체에서 먼저 구할 것이 있다. 이것이 그리스도인의 삶이다.'

거듭남의 표지 – 삶의 우선순위

복음의 역사는 추상적인 것이 아닙니다. 성경은 말씀합니다. '복음은 하나님의 능력이라.' 이 말씀을 우리는 믿습니다. 이 말씀은 사건으로 임하고 나타납니다. 거듭남은 추상적인 것이 아닙니다. '거듭남이 없으면 천국에 들어가지 못한다.' 이 말을 들으면 우선 "아멘!" 하고 다시 한번 생각해야 합니다. '정말 나는 거듭났는가? 무엇으로 알 수 있는가? 무엇으로 거듭났는지 알수 있는가?'

신학 교수, 유명한 목회자, 봉사하는 사람이 되는 것으로 알수 있는 것이 아닙니다. 복음의 역사처럼 거듭남의 표지에 대해서 오늘 본문은 명확하게 알려줍니다. "먼저 그의 나라와 그의의를 구하라." 굉장히 중요한 하나님의 말씀입니다. 이 세상 중심의 세계관은 너무나 명백합니다. 부와 건강이 최고입니다. 그래서 그것에 집착하고 우선순위를 둡니다. 예수님께서 이것을 잘 알고 계십니다. 그렇기에 마태복음 6장의 산상수훈을 통하여 예수님께서는 부와 건강을 계속 말씀하십니다. 우리에게 익숙한 말씀입니다. "너희를 위하여 보물을 땅에 쌓아두지 말라"(19절). 왜냐하면 세상 중심의 삶을 사는 사람은 보물을, 재물을 땅에 쌓아두기 때문입니다. '그것이 나의 행복이요, 내 안녕이요, 내 기쁨이다.' 이렇게 생각하며 살아갑니다. 그래서 예수님은 이것을 말씀합니다. '이런 잘못된 인생관을 갖지 마라.' 잘못된 우선순위를 우리에게 경고해 주십니다.

또 말씀하십니다. "목숨을 위하여 무엇을 먹을까 무엇을 마실까 몸을 위하여 무엇을 입을까 염려하지 말라…"(25절). 왜요? 이 세상뿐이라면, 세상 중심이라면 육체를 위한 삶을 사는 것이 맞습니다. 썩어질 육체인지도 모르면서 거기에 끌려 전심전력합니다. 그러나 예수님께서는 이런 경고의 말씀을 우리에게 주십니다. '너희는 천국을 믿는데, 그러면 안 되느니라.'

얼마 전 TV에서 세계적인 재벌들이 어떻게 사는지, 그들의 휴가가 어떤지에 대해 다루는 프로그램을 보고 느끼는 바가 있었습니다. 처음에는 '뭐 저런 삶이 다 있나?' 하고 흥미롭더니, 한 15분에서 20분 정도 보니까 슬슬 지겨워지기 시작했습니다. 그리고 '참 한심하다!'는 생각이 들었습니다. 섬 전체를 빌려서 거기에 수많은 유명인들이 모여서 하는 일이 딱 세 가지밖에 없었습니다. 특별한 것을 먹고, 마시고, 입는 것입니다. 이 밖에는 아무것도 없고, 결국 그것만 자랑하면서 즐거워합니다. 참 허탈 했습니다.

우리가 부와 건강에 집착하고, 그것이 우선순위가 될 때는 예수님께서 하신 말씀 그대로 염려뿐이 없습니다. 세상의 부와 건강을 얻으면 염려가 없어야 하는데, 더 심합니다. 우선순위가 잘못되었기 때문입니다. 이것을 예수님께서 말씀해 주십니다.

거듭남의 표지 - 하나님 나라 중심

반면에 하나님 중심의 세계관은 완전히 다릅니다. 세상이 아니라, 이제는 하나님 나라를 믿고 하나님 나라 중심으로 삽니다. 자기 중심이 아니라, 하나님 중심입니다. 부와 건강이 아니라, 하나님의 뜻이 중심입니다. 예수님께서 곳곳에서 말씀하십니다. '세상을 본받지 마라. 자기를 부인하고, 나를 따르라.' 세상이 추구하는 것은 온갖 염려, 걱정, 절망, 후회뿐입니다. 세계관이 바뀌고 인생관이 바뀌어야 합니다. 성경이 그 답을 줍니다.

그래서 오늘 성경을 원문에 가까운 영어 성경으로 보면 이렇게 시작됩니다. "But seek first(그러나 먼저 구해라)." 무슨 말씀입니까? '너희들이 예수 믿기 전에는 세상의 이방인인 것처럼 살았다. 곧 무엇을 먹을까, 무엇을 입을까, 무엇을 마실까 하고 재물을 땅에 쌓으면서 살았는데, 이런 것은 허무한 인생이다. 하나님 나라 인생이 아니다. 그러지 마라. 이제는 너희가 다른 삶을 구해야 한다. 이것이 마땅하다.' 이것이 산상수훈 전체의 메시지입니다.

세상에 어떤 큰일이 있을 때, 특별히 교회나 교회 내에 어떤 불미스러운 사건이 있을 때 믿지 않는 사람들은 항상 이렇게 이야기합니다. '어떻게 교회가 저럴 수 있나? 어찌 교인이 저럴 수가 있나?' 이 기대는 어떻게 보면 그럴듯합니다. 그들은 교회에 좀 더 높은 도덕, 좀 더 높은 윤리를 요구합니다. 그러나 사실 알고 보면 자기 대신 희생하라는 것입니다. '우리는 못하지만, 너희들은 그래도 해야 하지 않느냐?'

그러나 이것은 기독교를 오해한 것입니다. 교회의 사명과 그리스도인의 삶은 차원이 다릅니다. 먼저 하나님 나라와 그의 의를 구해야 합니다. 이것이 이루어지지 않았기 때문에 엉망진창이 됩니다. 구별되지 않은 것 때문에 섞입니다. 그래서 예수님께서 말씀하십니다. "먼저 그의 나라와 그의 의를 구하라."

그리스도인이 먼저 구할 것, 하나님 나라

이 말씀 속에는 오묘한 지혜와 능력이 있습니다. 세상 사람들이 원하는 부와 건강을 구할 때는 염려뿐이 없습니다. 이 염려에 대한 해결책이 무엇입니까? 어떤 것 하나가 해결된다고 그것이 곧 해결책이 되는 것은 아닙니다. 하나님 나라와 그 의를 먼저 구하는 삶일 때, 그 문제가 해결됩니다. 인생관이 통째로 바뀌어야 거듭난 자이고 그 염려가 해결됩니다. 단지 무엇이 하나 성취되었다고 근심, 걱정, 염려가 없어지지 않습니다.

야고보서 4장 3절은 말씀합니다. "구하여도 받지 못함은 정욕으로 쓰려고 잘못 구하기 때문이라." 무슨 말씀입니까? 잘못된 인생관, 잘못된 우선순위는 하나님께서 듣지 않으십니다. 만일 순간순간 이루어졌다면 그것은 세상이 주는 선물이요, 사탄이 준 선물입니다. 성령께서 주신 것은 아닙니다.

천국을 정말 믿고, 천국을 소망한 사람은 하나님 나라 중심의 삶을 살아갑니다. 이것이 다른 것입니다. 그래서 예수님께서 말씀하십니다. "너희는 그의 나라와 그의 의를 먼저 구하라." 그의 나라, 하나님 나라를 구하는 것이 당연한 것 아닙니까? 우리는 하나님 나라의 복음을 믿음으로 구원받았는데, 그 하나님 나라는 하나님의 통치요 다스림입니다. 하나님의 은혜와 능력과 지혜가 나타납니다. 예수님께서는 현재적인 하나님 나라를 선포하셨습니다. 그것이 내세와 연결됩니다. 현재에서는 세상 중심으로 살다가, 나중에 죽어서 천국 간다고 하는 것은 가짜 기독교입니다. 예수님께서는 그런 말씀을 하신 적이 없습니다. '하나님 나라가 왔느니라. 가까이 왔느니라.' 현재완료입니다. 이것이 복음의 진수입니다. 그러니 그것을 구할 수밖에 없습니다. 그리스도인의 참 믿음과 소망이 여기에 있습니다.

그리스도인이 구해야 할 하나님의 의

또한 하나님의 의, 이것은 세상에 없는 것입니다. 그래서 이 세상 사람들은 모두가 죄인입니다. 저나 여러분이나 내일 또 죄지을 것입니다. 아무리 죄를 안 지으려고 발버둥을 쳐도 이 세상 육신을 갖고는 그런 과정을 겪을 수밖에 없습니다.

그러나 하나님께서 위대한 약속을 해주셨습니다. 예수 그리스도의 십자가 사건 속에서 약속하셨습니다. 그것은 하나님의 의를 선물로 주신 것입니다. 그 의가 내 불의를 없애버립니다. 그래서 하나님께서 의롭다 여겨주십니다. 하나님의 의가 아니면 하나님 나라에 못 들어갑니다. 하나님과 함께하는 삶을 살아갈 수 없습니다. 그 의를 얻었을 때, 그 의에 확신을 가졌을 때 거듭님의 사건이 시작됩니다.

하나님의 나라와 하나님의 의, 이 모든 것은 인간이 계획한 바도 아니요, 노력한 바도 아니요, 헌신한 것도 아니요, 희생한 것도 아닙니다. 그래서 이것은 앞으로 될 일이 아니라, 예수 그리스도 안에서 예수님께서 이미 이루신 사건입니다. 하나님의 은혜로, 하나님의 사랑으로, 하나님의 능력으로, 하나님의 약속으로 이루어진 사건입니다. '그 은혜를 받고 살아가는 너희는 달라야 한다. 이제는 세상이 전체가 아니다. 이건 지나가는 것이요, 영원한 하나님 나라가 임하였다. 하나님 나라 백성은 그 믿음의 응답으로, 하나님 나라의 응답으로, 하나님의 의의 응답으로 먼저 하나님 나라와 그 의를 구하는 것이 마땅하지 않으냐?' 이것이 그리스도인의 인생관이요, 우선순위가 되어야 합니다.

그런데 이 말씀을 역사 속에서 조명해 보면, 예수를 안 믿는 사람들은 이것이 무슨 말씀인지 알지 못합니다. 좋은 말씀이니 읽어보라고 하지만 그 의미가 무엇인지 모릅니다. 그러나 그리스도인은 이 말씀을 압니다. 그런데 어디서 잘못되었느냐 하면, 하나님 나라와 세상, 하나님의 의와 나의 의, 하나님의 것과 세상의 것, 이 모두를 동시에 구하는 것입니다. 그런 사람들을 세상이 볼 때는 하나님을 믿는 사람이라고 생각할지 모르지만, 하나님께서 보실 때는 가증스러운 위선자입니다. 그래서 예수님께서 바리새인에게 위선자들이라고 진노하셨습니다. 우리는 이것에 대해 회개해야 합니다.

예수님께서는 재물에 대해서 이렇게 말씀하십니다. "하나님과 재물을 겸하여 섬길 수 없느니라." 그런데 우리는 "하나님! 하나님!" 하면서도 동시에 구하는 것이 있습니다. "부자 되게 해주세요. 성공하게 해주세요." 이렇게 동시에 구하는 것을 세속신앙이라고 합니다. 이런 것이 세상이 보기에는 괜찮을지 모르지만, 하나님께서 보시기에는 악한 것입니다. 거듭난 자는 그걸 알고 살아갑니다.

가룟 유다를 한번 생각해 보세요. 예수님과 3년이나 같이 다녔습니다. 생사고락을 함께했습니다. 그런데 어떻게 예수님을 안 믿을 수 있습니까? 얼마나 많이 보고 들었는데요. 그런데도 예수님을 믿는 마음과 자기 소원을 함께 구했습니다. 그러다 결국은 예수님을 팔아넘깁니다. 유대인들도 마찬가지입니다. 그들이 지금까지 성경을 얼마나 많이 보았고 또 도덕적으로나 윤리적으로 얼마나 바르게 살았습니까? 그들은 스스로 하나님의 백성임을 믿었습니다. 그런데 잘못한 것이 무엇이냐 하면, 바로 세속적인 신앙이라는 점입니다. 하나님과 재물, 하나님과 건강, 하나님과 세상을 동시에 구하고, 영적인 것과 정치적인 세상을 함께 구한 것입니다.

그리하면 이 모든 것을 더하시리라

오늘 이 시대도 마찬가지입니다. 가톨릭의 경우 좋은 일도 많이 한다고 하고 하나님을 믿고 찬양한다고 하지만 잘못되었습니다. 교회는 철저하게 영적인 곳입니다. 교회는 하나님 나라를 전해야 합니다. 하나님 나라와 의를 구해야 합니다. 그런데 영적인 것과 정치적인 권력, 정치적인 권세를 함께 구합니다. 그래서 본부인 바티칸을 중심으로 각국에 대사를 파견하는데, 그가 추기경입니다. 교황은 영적인 동시에 정치적인 왕입니다. 종교개혁은 이것을 뒤집은 것입니다. 오직 믿음으로, 오직 은혜로 영적인 것만 붙듭니다.

예수님께서 말씀하십니다. '먼저 힘써서 하나님 나라와 하나님의 의를 구하라.' 이것이 하나님 나라의 삶입니다. 그리고 또 말씀하십니다. '그리하면 이 모든 것을 너희에게 더하시리라.' 얼마나 귀한 말씀입니까? 애써서 물질, 건강, 세상 것을 구할 필요가 없습니다. 주신다고 약속하십니다. '더하시리라!' 받게 되리라는 말씀입니다.

'너희는 이제 하나님 나라 백성으로서 정말 하나님 나라를 믿고, 그 나라와 그 의를 구하라. 그리하면 이방인들이 구하는 것, 세상 사람들이 구하는 것, 그 필요한 것을 너희에게 주시리라.' 이것이 복음입니다. 예수님의 인생관과 우선순위가 이와 같았습니다. 사도들도 이 삶을 보여주며, 이 복음을 전했습니다. 초대교회 그리스도인도 이런 인생관을 가지고 오직 하나님 나라와 그 의를 구하면서 살았습니다.

거듭난 하나님의 사람의 우선순위

19세기 초 영국이 아프리카를 탐험할 때에 있었던 일입니다. 역사적으로 당시 행동이 크게 대비되던 두 영국인이 있었습니다. 한 사람은 황금 전쟁을 일으켜 아프리카에서 원주민들을 학살하고 노예로 잡아 왔습니다. 그리고 다이아몬드와 황금을 다 영국으로 빼돌렸습니다. 그럼에도 그때 영국 사람들은 이 사람을 진정 애국자요, 영웅으로 칭송했습니다. 그런데 동시에 아프리카에서 '이건 나쁜 짓이다. 이건 하나님의 뜻이 아니다. 하나님 앞에 모든 인간은 평등하다. 존귀한 존재다. 이런 짓을 하면 안 된다. 다이아몬드 황금을 버려라!'라고 주장하다가 영국 국민으로부터 나쁜 사람, 매국노, 배신자라고 낙인찍힌 사람이 있었습니다.

전자는 세실 로드라는 사람이고, 후자는 데이비드 리빙스턴입니다. 그러나 시간이 흘러 역사가 말해 줍니다. 세실 로드는 무덤의 흔적도 없습니다. 너무나 부끄러운 삶을 살았습니다. 반면 역사의 주인이신 하나님은 데이비드 리빙스턴을 기억하게 만드셨습니다. 세계인이 그를 존경합니다. 모든 하나님의 백성이 그 삶을 기억합니다. 무엇이 이 두 사람의 인생을 바꾼 것입니까? 한 사람은 세상 중심이요, 황금을 구한 사람이었습니다. 그러나 데이비드 리빙스턴은 천국을 바라보았습니다. 오직 하나님 중심의 삶을 살았습니다. 그를 하나님께서 높이셨습니다. 그들의 인생관과 우선순위가 그들의 인생을 바꾸었고 운명을 갈라놓았습니다.

하나님의 사람 다윗을 다시 한번 기억해 보십시오. 성경에는 그가 예수님의 조상이자 가장 위대한 하나님의 사람으로 나타납니다. 그에게는 한 가지 소원이 어렸을 때부터 죽을 때까지 있었습니다. 그래서 성경은 그가 '하나님의 마음에 합한 사람'이라고 기록하고 있습니다. 시편 27편 4절에서 다윗은 이렇게 고백합니다. "내가 여호와께 바라는 한 가지 일 그것을 구하리니 곧 내가 내 평생에 여호와의 집에 살면서 여호와의 아름다움을 바라보며 그의 성전에서 사모하는 그것이라."

그는 어린 목동이었고 지식도 없었습니다. 다른 형제들에 비해 외모도 그리 출중하지 않았던 것 같습니다. 그런데 중심을 보시는 하나님께서는 다윗을 왕으로 선택하십니다. 왜냐하면 그가 오직 하나님 중심의 인생관을 갖고 살아갔기 때문입니다. 더욱이 그의 인생을 보면 죄를 많이 저질렀고 실수도 많이 했습니다. 그러나 하나님께서는 그것을 기억하지 않으시고 용서해 주십니다. 그리고 그를 위대한 하나님의 종으로, 이스라엘의 왕으로 만드셨습니다. 그가 진정 하나님 중심으로 살았기 때문입니다. 하나님의 영광을 깊이 묵상하며 기뻐하는 중에 하나님 중심의 삶을 구하며 살았기 때문입니다. 그래서 예수님께서 말씀하십니다. '거듭난 하나님 나라의 자녀들이여, 너희는 먼저 하나님 나라를 구하라. 그의 나라와 그의 의를 구하라. 그러면 이 모든 것을 더하여 주시리라.'

하루하루가 그렇습니다. 하나님 나라와 그 의를 구하는 삶은 쉽지 않습니다. 그래서 성령님께 기도해야 합니다. 성령님이 도와주지 않으시면 항상 내가 이기고, 세상이 이깁니다. 사탄이 이기는 것입니다. 또다시 세상 중심으로, 부와 건강, 자꾸 썩어질 육체를 위해서 살게 되는 것입니다. 그러나 성령께서 함께하시고 도와주시면 정말 내가 믿는 것이 무엇이고, 내가 소망하는 것이 무엇인가를 다시 생각합니다. 그리고 예수 그리스도 안에서 이 말씀을 기억하고, 묵상하고, 실천하게 됩니다. "너희는 먼저 그의 나라와 그의 의를 구하라."

🕯 기도

전지전능하신 하나님 아버지, 이 어둠의 권세 속에 너무나도 오랫동안 학습됐고, 교육받았고, 또 살고 있기에 예수 그리스도가 선포하신 하나님 나라 복음을 믿음으로 하나님 나라 자녀가 되었지만, 아직도 자기 유익을 구하고, 세상 중심의 세계관에서 벗어나지 못하는 이 나약하고 어리석은 죄인을 불쌍히 여겨주시옵소서. 성령이시여, 진실로 하나님 나라를 믿음으로, 그 하나님의 의가 우리에게 약속된 것을 확신함으로 주님의 말씀에 따라 그 은혜의 응답의 표로 주의 나라와 주의 의를 먼저 구하는 삶을 주가 부르시는 그날까지 살아가게 하여주시옵소서. 이 인생관을 통하여 하나님이 동행하시며, 하나님이 복 주시며, 하나님이 기뻐하시는 삶을 누리며, 주의 나라의 증인으로 살도록 지켜주시옵소서. 우리 주 예수 그리스도의 이름으로 간절히 기도드리옵나이다. 아멘.

"아빠 아버지여 아버지께는 모든 것이 가능하오니 이 잔을 내게서 옮기시옵소서 그러나 나의 원대로 마시옵고 아버지의 원대로 하옵소서 하시고"(마가복음 14:36)

"예수께서 대답하시되 진실로 진실로 네게 이르노니 사람이 물과 성령으로 나지 아니하면 하나님의 나라에 들어갈 수 없느니라" (요한복음 3:5)

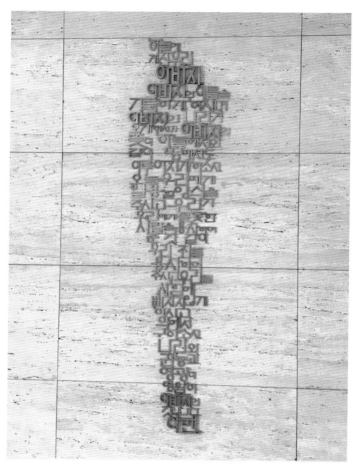

"너희는 이렇게 기도하라 하늘에 계신 우리 아버지여 이름이 거룩히 여김을 받으시오며 나라가 임하시오며 뜻이 하늘에서 이루어진 것 같이 땅에서도 이루어지이다"
(마태복음 6:9-10)